Ratgeber

Vogelspinnen
Artgerechte Haltung und Vermehrung

Paul Schwarzberg

© Copyright 1996, bede-Verlag GmbH, Bühlfelderweg 12, 94239 Ruhmannsfelden
Herstellung und Gestaltung: bede-Verlag
Alle Abbildungen: Michael Bayer, Ulm außer wenn anders angegeben

Dank an Peter Niebergall, Werner Stadler und Horst Schönberger für ihre Unterstützung

Alle Rechte vorbehalten. Für Schäden die durch Nachahmung entstehen, können Verlag und Autor nicht haftbar gemacht werden.

ISBN 3-927 997-60-9

INHALT

Einleitung.. 5

Das Terrarium... 6

Fütterung von Vogelspinnen................................... 14

Die Häutung.. 17

Umgang mit Spinnen... 21

Verletzungen... 25

Haltung.. 27

Fortpflanzung.. 34

Geschlechtsbestimmung... 39

Artenteil.. 42

Kleines Fachwortregister... 85

Grammostola spec. aus Uruguay.

Einleitung

Weshalb eine Vogelspinne?

Vogelspinnen werden als Terrarientiere immer beliebter und es kann gesagt werden, daß jetzt ihre Zeit gekommen ist im Hobbybereich eine wichtige Rolle zu spielen. Der durchschnittliche Haustierhalter zog es eigentlich niemals in Erwägung eine Vogelspinne in seinem Haus zu halten, denn weitläufig verbreitet waren die Horrorszenen über riesige Spinnen durch Medien und Filmproduzenten. Diese Filmvisionen von riesigen tödlichen Spinnen, welche über die Erde stolzierten und alles bedrohten und töteten was sich ihnen in den Weg stellte, hinterließ wohl einen mächtigen Eindruck auf die Menschen, so daß eigentlich die Pflege einer Vogelspinne immer Probleme bei den Mitbewohnern hervorrufen mußte. Es ist ein totaler Irrglaube Vogelspinnen für gefährliche und aggressive Tiere zu halten. Die meisten Vogelspinnen sind sehr friedlich und stille Artgenossen. Betrachten Sie doch einmal eine Vogelspinne mit anderen Augen und Sie werden über ihre Schönheit und bei einigen Arten über ihre wunderschöne Färbung staunen. Wie kann ein Tier mit so viel visueller Anziehungskraft überhaupt Angst einflößen? Diese haarigen Gesellen erfreuen sich jetzt immer größerer Beliebtheit, denn sie sind nicht nur schön, sondern auch pflegeleicht in ihrer Hälterung.

Es gibt auf dieser Erde ca. 30 000 Spinnenarten und von diesen sind über 800 Vogelspinnen. Dieses Buch kann natürlich nur einen kleinen Teil dieser 800 Vogelspinnenarten aufzeigen. Wir wollen uns auch darauf beschränken Ihnen die gut erhältlichen und leicht zu pflegenden Vogelspinnenarten näher zu bringen.

Durch die Haltung von Vogelspinnen, welche aus den Herkunftsländern importiert wurden, werden die Bestände der dort lebenden Vogelspinnen sicherlich nicht ausgeräubert. Durch die Terraristik ist noch keine Vogelspinnenart vom Aussterben bedroht worden. Nur durch die Zerstörung der Biotope in den Herkunftsländern können die Lebensräume der Vogelspinnen eingeschränkt werden und dann kann es zu ernsthaften Artverknappungen kommen. Die Terraristik hat sich auch zur Aufgabe gestellt Vogelspinnen nachzuzüchten und so die Naturentnahme immer mehr einzuschränken. Immer mehr Vogelspinnen im Handel werden aus heimischen Nachzuchten angeboten. Lassen Sie sich als Vogelspinnenliebhaber auch nicht davon abhalten, junge Vogelspinnen zu erwerben, die noch nicht die farbliche Attraktivität einer ausgewachsenen Spinne besitzen. Gerade die Beobachtung der Entwicklung vom „Spiderling" zur ausgewachsenen Vogelspinne ist so interessant, daß sie für die Wartezeit entschädigt. Kleinere Nachzuchten sind außerdem wesentlich preisgünstiger zu erstehen, als ausgewachsene ausgefärbte Tiere. Bevor Sie sich zum Kauf einer Vogelspinne entschließen, sollten Sie sich Ihre Entscheidung auch sorgfältig überlegen, denn Vogelspinnen können ein Alter von mehreren Jahren erreichen und bei der richtigen Haltung im Terrarium müssen Sie sich darüber auch im klaren sein, daß Sie während der gesamten Lebenszeit dieser Vogelspinne ja auch Ihre Aufmerksamkeit schenken müssen. Obwohl eine Vogelspinne natürlich nicht so anspruchsvoll ist wie ein Hund oder ein Katze ist sie dennoch Teil Ihres Haushalts geworden und sie ist von Ihnen als Tierhalter abhängig. Futter, Wasser und Pflege müssen Sie regelmäßig anbieten. Die Spinne ist in Gefangenschaft alleine Ihnen ausgeliefert und das sollten Sie sorgfältig bedenken.

Das Terrarium

Das Terrarium

Um eine Vogelspinne richtig unterzubringen, müssen Sie ihr das richtige Terrarium anbieten. In der Natur gräbt sich eine Vogelspinne meist eine Höhle, die entsprechend ihrem Körperwachstum vergrößert wird. Die Vogelspinnenweibchen verlassen nur selten diese Höhle. Sie lauern am Eingang auf vorbeikommendes "Futter". Die Männchen werden von den Weibchen nur zur Paarung in die Höhle gelassen, und falls sie die Höhle nach der Paarung nicht schnell genug verlassen können, werden sie schnell zur nächsten Mahlzeit des Spinnenweibchens umfunktioniert. Diese Lebensgewohnheit läßt zu, daß Vogelspinnen, die ja meist einzeln gehalten werden, in einem kleinen Terrarium mit einer Grundfläche von etwa 25 - 30 cm im Quadrat gehalten werden können. Vogelspinnen sind sehr geschickt, was das Ausbrechen angeht und deshalb müssen selbstverständlich alle Terrarien entsprechend sicher abgeschlossen sein. Über-

Terrarien für Vogelspinnen müssen nicht immer kleine einfache Glaskästen sein, sondern sie können auch so eingerichtet sein und verkleidet werden, daß sie gut in einen Wohnraum integriert werden können. Ein schönes Terrarium macht einem Betrachter auch mehr Spaß und dennoch können solche aufwendiger gestalteten Terrarien zweckmäßig sein.

Das Terrarium

wiegend werden Vogelspinnen einzeln gehalten. Nur während der Paarung wird das Männchen zu dem Weibchen gesetzt. Machen Sie also nicht den Fehler und halten Sie zwei oder mehrere Vogelspinnen zusammen, denn im günstigsten Fall bekämpfen sich diese und im schlechtesten Fall werden sie sich gegenseitig töten. Es ist also aus terraristischer Sicht nicht grausam eine Spinne alleine zu halten, sondern dies entspricht ihrer Natur. Es wäre selbstverständlich möglich ein entsprechend großes Terrarium in mehrere Abteilungen abzutrennen, so daß letztendlich in diesem Terrarium mehrere Spinnen leben, aber nicht zueinander kommen können. Dies würde sich dann anbieten, wenn z.B. aus Temperaturgründen dieses große Terrarium mit einer Sammelheizung ausgestattet wäre. Je nach Spinnenart muß das Substrat eine größere oder geringere Höhe besitzen. Als Substrat wird gerne Blumenerde verwendet. Viele Arten graben sich in diesem Substrat eine Wohnhöhle. Das Terrarium ist so aufzustellen, daß es nicht stark von der Sonne beschienen werden kann, denn Vogelspinnen werden durch zu grelles Licht irritiert. Vogelspinnen besitzen acht Augen, wobei vier für das Sehen am Tage und vier für das Sehen während der Nacht ausgestattet sind. Bei zu heller Aufstellung des Terrariums wird sich die Vogelspinne meist eingraben oder in eine dunkle Ecke des Terrariums zurückziehen und sich so dem Blick ihres Besitzers entziehen.

Wie bereits erwähnt ist Gartenerde das ideale Bodensubstrat für Vogelspinnen-Terrarien. Das sogenannte Vermikulit ist hierbei besonders gut geeignet. Bei der ersten Einbringung des Substrates in das Terrarium ist darauf zu achten, daß dieses etwas angefeuchtet ist, denn keinesfalls sollte das Substrat im Terrarium jemals trocken sein. Natürlich darf das Substrat im Terrarium auch nicht zu naß werden. Eine regelmäßige Kontrolle der Feuchtigkeit ist anzuraten. Wenn bei den einzelnen Spinnenarten nicht speziell die Substrathöhe angegeben ist, so kann von einer durchschnittlichen Höhe von sechs bis

Die meisten Vogelspinnenarten lieben Pflanzen in ihren Terrarien. Werden die Pflanzen besprüht, dann trinken viele Vogelspinnen die Tautropfen auf den Pflanzen. Foto: Bernd Degen.

Das Terrarium

Laub, Moos und Wurzelstücke bieten ideale Versteckplätze für Vogelspinnen. In einem solch eingerichteten Terrarium fühlen sich diese Tiere sicherlich wohler. Auch darf eine Wasserschale mit Frischwasser nicht fehlen. Manchmal dekorieren die Vogelspinnen ihre Terrarien einfach um, oder spinnen einen Teil der Einrichtungsgegenstände mit einem Netz zu.

zwölf Zentimetern ausgegangen werden. Ideale Schlupfhöhlen für Vogelspinnen sind z. B. halbierte Blumentöpfe, die gerne als Schutzhöhle angenommen werden. Ob sie die Spinne jedoch als neue Behausung akzeptiert ist nicht unbedingt gewiß. Spinnen neigen auch dazu, ihre Terrarien beliebig umzugestalten und richten sich dabei nicht immer nach dem Geschmack ihres Pflegers. Spinnen benötigen auch Wasser und deshalb sollte in jedem Vogelspinnen-Terrarium eine Wasserschüssel eine Selbstverständlichkeit sein. Pflanzen in ein Vogelspinnen-Terrarium einzubringen ist nicht ganz problemlos, denn wahrscheinlich werden sie über kurz oder lang von der Vogelspinne ausgegraben. Da es inzwischen täuschend ähnliche Kunststoffpflanzen gibt, ist durchaus zu akzeptieren einmal eine solche Kunststoffpflanze aus optischen Gründen in ein solches Terrarium einzubringen. Keinesfalls sollten Kakteen in ein Terrarium gepflanzt werden, denn die Vogelspinnen können sich tatsächlich an diesen Kakteenstacheln verletzen und so kann es zu Ausfällen kommen. Für bodenbewohnende Vogelspinnenarten genügt ein entsprechend hohes Bodensubstrat, eine Wohnhöhle in Form eines halbierten Tontopfes, eventuell ein kleines Stück einer schönen Wurzel, einige Moosbüschel, ein dekorativer Stein und falls gewünscht eine Kunzststoffpflanze.

Für baumbewohnende Arten benötigen Sie dagegen ein höheres Terrarium, denn das Bodensub-

Das Terrarium

Beispiel für ein Terrarium in einem Wohnraum, welches sehr hoch ist, da es sich um ein Terrarium für eine baumbewohnende Spinne handelt.

strat sollte jedoch eine Höhe von bis zu zwölf Zentimetern besitzen. Äste, Wurzeln oder Korkrinden werden so aufgestellt, daß sie gut verankert einen Winkel bilden, in welchem die Vogelspinne sich ihr röhrenartiges Netz aufbauen kann. Diese Netze sind extrem dick und langlebig. In diese Netze werden die Kokons gebaut und hier halten sich auch die Jungspinnen auf bis sie groß genug sind, um alleine für sich zu sorgen. Baumbewohnende Vogelspinnen benötigen nicht unbedingt spezielle Wasserbehälter, denn sie ziehen es vor, wenn ihr Gespinst und die Baumrinde regelmäßig mit Wasser besprüht werden. Durch diesen natürlichen Weg erhält die Spinne genügend Feuchtigkeit.
So lassen sich auch für baumbewohnende Vogelspinnen-Arten sehr schöne kompakte Terrarien aufbauen, in welchen sich die Vogelspinnen wohl fühlen.

Heizung des Terrariums

Über die richtige Beheizung eines Vogelspinnen-Terrariums wurde lange Zeit unter Spinnenhaltern diskutiert. Vogelspinnen können ihre Körpertemperatur nicht selbst regulieren, wie dies z. B. Säugetiere tun. Vogelspinnen benötigen deshalb eine ideale Umgebungstemperatur um sich wohlzufühlen. Diese Temperaturen liegen in der Regel zwischen 20 und 25 °C, wobei allerdings eher eine Temperatur um 25 °C als ideal anzusehen ist.
In der Natur halten einige Vogelspinnenarten sogar wegen der klimatischen Unterschiede eine Art Winterschlaf. Allerdings ist dies im Heimterrarium nur schwer nachzuvollziehen. Spezialisten die diese Spinnen allerdings nachzüchten wollen, müssen dieser natürlichen Funktion Rechnung tragen und diese Vogelspinnen entsprechend überwintern. Da es in der Natur auch einen Tag- Nachtrhythmus gibt, kann es auch im Terrarium erforderlich werden, nicht das gesamte Terrarium zu beheizen, sondern

DAS TERRARIUM

nur Teile. So kann sich die Vogelspinne je nach Bedürfnis in die entsprechenden beheizten oder nicht beheizten Regionen des Terrariums zurückziehen.

Um die Temperatur um 25 ° C zu erreichen können Glühbirnen oder Heizkabel eingesetzt werden. Die Wattzahl der Glühbirne muß natürlich auf die Größe des Terrariums abgestimmt werden, damit die Temperatur nicht zu stark ansteigt. Bei Terrariengrößen von etwa 25 - 30 Zentimetern Grundfläche reichen Glühbirnen mit 25 Watt völlig aus. Heizkabel sind bei der Berechnung Ihrer Wattzahl etwas schwieriger einzustufen, aber eine Mindestleistung von 50 Watt ist einzuplanen, denn durch die Verlegung des Heizkabels wird der Wirkungsgrad etwas geringer. Es kann natürlich auch vorkommen, daß das Terrarium beim Dauerbetrieb zu warm wird und deshalb ist das Heizkabel mit einer Zeitschaltuhr zu versehen. Hier sind entsprechende Versuche vorzunehmen, um die idealen Verhältnisse herauszufinden. Sie können Ihre Terrarienheizung auch über einen Temperaturfühler steuern lassen und so eine weitgehend automatisierte Terrarienheizung installieren.

Heizkissen, welche unter dem Terrarium angebracht werden, sind für Vogelspinnen nicht ideal, denn es kommt schnell zu einer Austrocknung des Bodensubstrats von unten. Da grabende Spinnen sich zur Abkühlung in das Bodensubstrat eingraben wollen, finden sie jedoch dort keine Kühle, sondern warme und trockene Erde vor. Ein solches Heizkissen als Wärmequelle wäre ausschließlich für baum-

Manchmal graben Vogelspinnen Pflanzen aus, doch in der Regel werden diese doch in Ruhe gelassen. Alternativ zu lebenden Pflanzen können auch Kunststoffpflanzen eingesetzt werden, die immer noch eine bessere Lösung darstellen, als gar keine Pflanzen in ein Terrarium einzusetzen.

Das Terrarium

Dieses Terrarium für eine baumbewohnende Vogelspinne wurde mit Kletterästen versehen und bietet so der Spinne die Möglichkeit in den oberen Regionen des Terrariums ein Netz zu spinnen, welches sie dann als Wohnort benützen kann. Auch dieses Terrarium besitzt selbstverständlich eine Wasserschale, die täglich mit Frischwasser versorgt wird. Die kleine Schiebeöffnung am Vorderteil des Terrariums ermöglicht ein schnelles Auswechseln des Trinkwassers.

bewohnende Vogelspinnenarten akzeptabel, denn diese graben sich nicht in der Erde ein.

Wo beheizt wird, verdampft Flüssigkeit und kommt es zur Austrocknung. Dies ist unbedingt zu berücksichtigen und so sind Vogelspinnen-Terrarien regelmäßig mit Wasser zu übersprühen.

Hängende keramische Heizkörper, sogenannte Elstein-Strahler, können ebenfalls wie Glühbirnen nicht für baumbewohnende Spinnen empfohlen werden, denn die Spinnen würden sich bei in Terrarien angebrachten Leuchten verletzen, da sie unter Umständen ihr Spinnengewebe sogar an diesen Leuchtkörpern befestigen würden. Auch für bodenbewohnende Vogelspinnen sind solche Heizkörper nicht ungefährlich.

Die erfolgreichste Methode ein Vogelspinnen-Terrarium zu beheizen ist doch das Heizkabel, denn in Terrarien mit baumbewohnenden Spinnen kann das Heizkabel problemlos unter dem Terrarium verlegt werden. Bei bodenbewohnenden Spinnen darf allerdings das Heizkabel nur an den Außenwänden verlegt werden. Dazu klemmt man am besten das Heizkabel zwischen Terrarium und Wand ein.

Für Spinnenhalter mit einer größeren Anzahl von Terrarien ist es aber auch sehr wirtschaftlich eine Raumheizung in Betracht zu ziehen. Da Temperaturen zwischen 22 und 25 °C durchaus in einem Haus mit Zentralheizung erreicht werden können, ist dies wahrscheinlich der günstigste Weg.

Die richtige Luftfeuchtigkeit ist für das Wohlbefinden der Vogelspinnen äußerst wichtig. Das Bodensubstrat muß immer gut befeuchtet, aber keinesfalls naß sein. Sie können das Bodensubstrat wie einen Blumentopf regelmäßig gießen oder das Terrarium besprühen. Bei baumbewohnenden Vogelspinnen ist ein Sprühen unumgänglich, denn sie trinken die Wassertropfen, die sich überall im Geäst bilden. Sprühen Sie allerdings nicht direkt auf Ihre Vogelspinne, denn sonst flüchtet diese sehr schnell. Einige der feinen Haare der Vogelspinnen sind Sinnesorgane, die auf den leisesten Luftzug reagieren. Das Sprühen hat einen großen Nachteil, denn die Scheiben des Terrariums bekom-

DAS TERRARIUM

Einige Spinnenarten können auch zu mehreren Exemplaren zusammen in einem Terrarium gepflegt werden. Allerdings ist es dann nötig, ein größeres Terrarium mit vielen Versteckmöglichkeiten anzubieten. Hier finden die Vogelspinnen zahreiche Verstecke in Baum- und Wurzelhöhlen. Der Bodengrund muß immer den Bedürfnis der Vogelspinnenart angepaßt werden. So benötigen grabende und erdbewohnende Vogelspinnen eine 10-15 cm hohe Bodenschicht. Foto: Bernd Degen

men Wasserflecken. Dies geschieht nicht nur bei hartem Wasser, sondern auch weiches Wasser erzeugt schon unschöne Flecken an den Scheiben.
Es ist auch kein Problem eine Vogelspinne während einer einwöchigen oder zweiwöchigen Urlaubsreise sich selbst zu überlassen. Vor der Abreise sollten Sie das Bodensubstrat gut befeuchten und das Terrarium in einen kühleren Raum stellen und die Heizung ausschalten. So hält sich während der Urlaubszeit die Luftfeuchtigkeit im Terrarium und die Spinne nimmt keinen Schaden. Die etwas kühlere Temperatur macht der Spinne nichts aus und im Gegenteil kann sie dieser Temperaturunterschied später reizen in Paarungsstimmung zu gelangen.

Aufstellung des Terrariums
Wie bereits kurz erwähnt darf ein Vogelspinnen-Terrarium nicht direktem Sonnenlicht ausgesetzt werden. Durch starke Sonneneinstrahlung könnte das Terrarium zu schnell unkontrolliert aufgeheizt werden, was katastrophale Folgen für die Vogelspinne haben könnte. Da ein kleines Terrarium nur wenig Luftraum besitzt, kann sich bei Sonneneinstrahlung die Temperatur dramatisch erhöhen. Selbstverständlich dürfen Terrarien auch nicht einem Durchzug ausgesetzt werden, denn dies wäre genauso schädlich für die Vogelspinne.
Oft sind Vogelspinnen besonders nachtaktiv und sie könnten deshalb ein Blaulicht oder Nachtlicht in der Nähe der Terrarien anbringen, denn dann hätten sie eine Art Mondscheincharakter und könnten ihre Vogelspinnen beobachten. Die Aufstellung eines Terrariums in Augenhöhe ist immer von Vorteil, denn so haben Sie die Möglichkeit Ihre Spinne immer beobachten zu können.

Säuberung des Terrariums
Terrarien für Vogelspinnen müssen auch regelmäßig gereinigt werden. Vogelspinnen sind aber sehr reinliche Tiere und eine aufwendige Reinigung in kurzen Abständen ist nicht erforderlich. Am meisten Arbeit werden die Seitenscheiben verursachen, wenn regelmäßig mit Wasser gesprüht wird. Das Bodensubstrat sollte nur einmal im Jahr ausgetauscht werden, denn dies reicht völlig aus. Alle Einrichtungsgegenstände sollten so gestaltet sein, daß sie leicht herausnehmbar sind. So können Sie sehr leicht gereinigt und wieder zurückgesetzt werden. Wurzeln, Korkrinden, Blumentöpfe und ähnliche Einrichtungsgegenstände werden mit einer Bürste unter heißem Wasser gesäubert. Einer regelmäßigen Reinigung bedürfen die Wasserschalen, denn oft koten die Spinnen ausgerechnet in diese Wasserschalen und so empfiehlt es sich schon diese täglich zu reinigen. Futterreste die nicht verzehrt werden, sind selbstverständlich möglichst schnell wieder aus dem Terrarium zu entfernen.

Die Fütterung

FÜTTERUNG VON VOGELSPINNNEN

Das Füttern von Vogelspinnen ist eine verhältnismäßig einfache Aufgabe, da Vogelspinnen überwiegend lebendes Futter fressen. Die meisten Spinnenhalter füttern ihre Vogelspinnen fast ausschließlich mit Grillen und sonstigen Insekten oder Würmern. Die perfekten Futtertiere sind Mehlwürmer, Fliegen, Schaben, Grillen, Heuschrecken und für größere Spinnenarten sogar kleine „neugeborene Mäuse". Die Größe des Futtertieres muß sich selbstverständlich der Größe der Spinne anpassen. So kann eine junge Spinne durch eine große Heuschrecke total überfordert werden.

Für Vogelspinnen gibt es noch kein Ersatzfutter und dies müssen Sie bei der Auswahl Ihres neuen Hausgenossen berücksichtigen, denn falls Ihnen dies nicht zusagt, daß Sie mit Lebendfutter füttern müssen, sollten Sie vielleicht doch von der Haltung einer Vogelspinne Abstand nehmen. Ihre Vogelspinne frißt aber ausgerechnet solche Tiere, die Sie sowieso nicht gerne in Ihrem Hause sehen. Vielleicht erleichtert dies die Sache wieder etwas. Die meisten Futtertiere können Sie in einer Zoohandlung kaufen oder sich über einen Spezialversand zusenden lassen. Falls Sie nur eine oder zwei Vogelspinnen halten ist es am günstigsten, wenn Sie sich das Futter ganz nach Bedarf kaufen. Es gibt auch die Möglichkeit über Futtertierversandhandlungen im Abonnement die richtigen Futtertiere zu beziehen.

Die meisten erwachsenen Vogelspinnen brauchen nur einmal wöchentlich gefüttert zu werden und benötigen dann zwei bis vier Grillen, was ihnen ein gutes Beispiel dafür ist, wieviel ihre Vogelspinnen zu fressen benötigen. Falls das Futter nicht angenommen wird, können Sie noch einen Tag warten und dann sollten Sie das Futtertier wie-

Ein sehr beliebtes Futter für Vogelspinnen sind Grillen und Heuschrecken, die sich jeder Spinnenliebhaber selbst sehr leicht besorgen kann. Foto: Bernd Degen.

Die Fütterung

der aus dem Terrarium entfernen. Wird die Beute aber umgehend verzehrt, sollten Sie ein weiteres Insekt in das Terrarium tun und zum Fressen anbieten, denn der Appetit von Vogelspinnen ist sehr schwer einzuschätzen. Mit der Zeit werden Sie aber ein Gefühl dafür bekommen, wieviel Ihre Vogelspinne frißt. Die Menge des Fressens hängt von der allgemeinen Gesundheit sowie der bevorstehenden Häutung der Vogelspinne ab. Vogelspinnen können für längere Zeit, ja sogar mehrere Monate ohne Futter auskommen, wenn sie gut genährt waren. Deshalb müssen Sie sich nicht gleich Sorgen machen, wenn Ihre Vogelspinne einmal für einige Wochen keinen Appetit hat. Vogelspinnen lassen sich, was ihren Appetit angeht, nicht in ein Schema pressen. Einige fressen nur wenig, andere wiederum mehr. Eine grobe Mengenangabe für Sie ist, daß eine mittelgroße Vogelspinne etwa drei bis fünf ausgewachsene Heimchen oder Heuschrecken pro Woche fressen kann. Wenn Sie Ihre Vogelspinne neu erworben haben, dann geben Sie ihr ein bis zwei Tage Zeit sich im Terrarium zu aklimatisieren, und dann beginnen Sie zuerst ein Insekt in das Terrarium zu bringen. Dann werden Sie ja sehen, was passiert. Manchmal wird die Beute jedoch nicht sofort verzehrt, sondern zuerst in einem Konkon eingewebt und für einen späteren Verzehr aufgehoben. Berichte über Vogelspinnen, die viele Monate oder sogar über ein Jahr ohne Futter und mehrere Monate ohne Wasser existieren können, sind nicht seriös. Als verantwortungsbewußter Halter von Vogelspinnen müssen Sie versuchen, Ihre Spinnen so gut wie möglich zu pflegen und zu füttern Sie erkennen den Ernährungszustand Ihrer Spinne am Umfang des Hinterleibes. Ist dieser Hinterleib klein und eingefallen, dann ist Ihre Vogelspinne schlecht genährt. Ein großer Hinterleib deutet auf eine gute Nahrungsversorgung hin. Allerdings ist auch zu beobachten, daß Vogelspinnenmännchen nach der Reifehäutung weniger fressen, um Ihre Beweglichkeit zu erhalten.

Wie lange dauert es nun bis eine Vogelspinne eine Heuschrecke verzehrt hat? Dies dauert etwa eine

Blitzschnell hat die Vogelspinne die Heuschrecke mit ihren Fängen gepackt und getötet. Etwa eine Stunde wird diese Mahlzeit andauern. Vor dem Verfüttern könnten die Futtertiere noch mit einem Mineralpulver bestäubt werden. Foto: Bernd Degen.

Stunde, wohingegen es schon einmal 24 Stunden dauern kann, bis eine neugeborene Maus verzehrt wurde.

Übrigens stellen Vogelspinnen kurz vor der Häutung das Fressen ein und sie sollten bis zu diesem Zeitpunkt gut gefüttert worden sein, denn dann befinden sie sich in einer guten Kondition, um die Häutung ohne Probleme zu überstehen.

Die Fütterung

Vogelspinnen nehmen sehr schnell wahr, wenn ein Futtertier in das Terrarium gesetzt wird. Sofort setzen sie sich in Bewegung, um auf das Futtertier Jagd zu machen. Hauptfutter für Vogelspinnen sind Heuschrecken, Grillen, Mehlwürmer und Schaben, jedoch auch ab und zu für bestimmte Vogelspinnenarten Babymäuse. Foto: Bernd Degen.

*Nacktmäuse sind für viele Vogelspinnenarten ein willkommenes Futter. Sie lähmen die kleine Maus mit ihrem Biß blitzschnell. Im Fachhandel gibt es auch getötete Babymäuse, die gefroren verschickt werden. Diese gefrorenen Nacktmäuse müssen nach dem Auftauen nur noch der Spinne mit Hilfe einer Pinzette angeboten werden. In der Regel akzeptieren sie dieses tote Futtertier.
Foto: Bernd Degen*

DIE HÄUTUNG

Die Häutung ist vermutlich für eine Vogelspinne die schwierigste Zeit in ihrem Leben. Babyspinnen scheinen die Häutung besser zu überstehen als ihre erwachsenen Artgenossen. Wahrscheinlich liegt dies daran, daß Sie sich öfters häuten als ihre Eltern. Eine ausgewachsene weibliche Spinne häutet sich normalerweise einmal im Jahr, jedoch gibt es hier bemerkenswerte Ausnahmen dieser Regel. Das Außenskelett von Spinnen ist hart und kann deshalb nicht mitwachsen. Aus diesem Grund müssen sich Spinnen häuten, um wachsen zu können. Auch alle anderen Spinnen wie z. B. die normale Hausspinne müssen sich regelmäßig während ihres verhältnismäßig kurzen Lebens häuten. Deshalb sehen sie auch oft in einem Spinnennetz etwas hängen was an eine tote Spinne erinnert, aber in der Regel ist dies nur die abgeworfene Haut des Bewohners des Spinnennetzes. Während der Wachstumsphase ist die Körperhülle zu klein geworden und wird jetzt durch eine neue größere ersetzt. Das Außenskelett muß also völig abgestreift werden. In der Häutungsphase bildet sich unter dem alten Skelett die Cuticula, die dort noch zusammengefaltet ist und nach dem Wechsel sich noch ausdehnen kann, bevor sie durch die Sauerstoffeinwirkung der Luft fest wird. Die Häutung kündet sich bei Vogelspinnen durch Nahrungsverweigerung und eine zurückgezogene Lebensweise an. Bei den sogenannten Bombardierspinnen läßt sich die vorstehende Häutung sehr gut daran erkennen, daß sich die Haare am Hinterleib abgescheuert haben und sich die dort entstandene Glatze langsam schwarz färbt.

Hier beginnt die Häutung einer jungen Citharacanthus spinicrus.

Die Häutung

Die Häutung bedeutet für eine Spinne immer sehr viel Arbeit und Streß und außerdem ist sie während der Häutungsphase gegenüber Freßfeinden absolut wehrlos. Während der Häutung kann die Spinne verlorengegangene Gliedmaßen wieder ersetzen. Allerdings sind diese Ersatzbeine oft etwas kleiner als die zuvor besessenen Beine.

Die meisten Vogelspinnen häuten sich innerhalb eines Zeitraumes von drei bis fünf Stunden. Dabei legen sich bodenbewohnende Spinnen normalerweise auf den Rücken, während Baumspinnen sich in ihren Wohnröhren häuten. Selten kommt es auch vor, daß sich Spinnen auf allen acht Beinen stehend häuten. Was auch immer der Fall sein mag, die Spinne weiß in der Regel am besten wie die Häutung vonstatten gehen soll und es ist nicht nötig, daß sie ihr dabei helfen. Stören Sie die Vogelspinne während der Häutung nicht und berühren Sie sie auch danach nicht, denn die Haut ist noch sehr weich und die Spinne ist anfällig gegen Verletzungen.

Das Nachlassen des Appetits ist meist ein Anzeichen der bevorstehenden Häutung und manche ausgewachsenen Spinnen hören schon Wochen vor der Häutung auf zu fressen. Bodenbewohnende Spinnen werden den Boden ihres Terrariums fast immer mit einer dünnen Seidenschicht überziehen, bevor sie sich auf den Rücken legen, um sich zu häuten. Nach der Häutung bleibt die Spinne oft für mehrere Stunden auf den Rücken liegen und ist dann in der Natur schutzlos.

Die Häutung läuft so ab, daß zuerst die Gliedmaßen weit vom Körper ausgestreckt werden. So bleibt die Spinne mehrere Stunden liegen. Nun platzt zuerst die alte Haut an der Vorderseite des Vorderkörpers auf und dabei hebt sich die Haut langsam ab. Anschließend reißt auch die dünnere

DIE HÄUTUNG

Es gelingt der Spinne während der Häutung, sich nach und nach aus der alten Haut heraus zu schälen. Mit der alten Haut hat die Spinne auch ihre Sinnesorgane, die Augenlinsen, die Speiseröhre, den Magen und die Spinnwarzen abgeworfen. Die abgeworfene Haut hat eine große Ähnlichkeit mit der Spinne und für viele unerfahrene Betrachter sieht es jetzt so aus, als ob jetzt eine tote Spinne im Terrarium sitzt.

Der Spinne ist es gelungen die alte Haut völlig abzustreifen. Nach der Häutung besitzt die Vogelspinne wieder ein sehr intensiv gefärbtes Körperkleid und ist sehr attraktiv.

Die Häutung

Haut am Hinterleib auf und die drei Phasen der Häutung haben begonnen. In der ersten Phase wird durch Steigerung der Herzfrequenz der Vorderkörper aufgepumpt, was eben zu dem Aufplatzen der Haut führt. Der Hinterkörper schrumpft hierbei etwas ein. Die nach vorne gerichteten Chelizeren werden dabei bewegt, um zusätzlich Spannung zu erzeugen. Jetzt kann ein Teil der alten Haut aufgeklappt werden. Den Hinterkörper kann die Spinne auch durch Aufreißen befreien. Dabei ist die Hinterleibsmuskulatur sehr aktiv und behilflich. Gleichzeitig zu dieser Häutungsphase werden die Extremitäten befreit, was wohl die schwierigste Phase des Häutungsvorganges ist. Ist der komplizierte Häutungsvorgang gut abgelaufen, verharrt die Spinne noch für längere Zeit völlig unbeweglich. Das neue Chitin muß langsam hart werden.

Die frischgehäutete Vogelspinne besitzt jetzt eine sehr schöne satte Farbe und sieht sehr gut aus. Während der Häutung kann die Spinne verlorene Extremitäten ersetzen. Allerdings sind diese Ersatzbeine oft kleiner als die zuvor besessenen Beine. Nach mehreren Häutungen ist jedoch kaum noch ein Unterschied festzustellen. Mit der alten Haut hat die Spinne auch ihre Sinnesorgane, die Augenlinsen, Speiseröhre, Magen und Spinnwarzen abgeworfen. Die abgeworfene Haut sieht noch sehr spinnenähnlich aus und könnte so dem unerfahrenen Betrachter vorgaukeln, daß hier eine tote oder sogar eine lebende Spinne im Terrarium sitzt. Diese alte Haut können Sie nach einigen Tagen aus dem Terrarium entfernen und dabei ist es möglich auch das Geschlecht der Spinne festzustellen.

Die alte Haut der Vogelspinne können sie nach einigen Tagen aus dem Terrarium entfernen. Durch eine genaue Untersuchung der alten Haut ist es auch möglich, das Geschlecht der Vogelspinne festzustellen. Kurz vor der Häutung fressen Spinnen übrigens nicht mehr und es ist deshalb besser, die Fütterung rechtzeitig einzustellen.

Umgang mit Spinnen

Die Hälterung von Vogelspinnen beschränkt sich nicht nur auf deren Beobachtung, denn viele Vogelspinnen-Liebhaber werden auch einmal ihre Vogelspinne aus dem Terrarium nehmen wollen oder müssen. Die Beobachtung ihrer interessanten Lebensweise ist jedoch für den Vogelspinnen-Liebhaber so faszinierend, daß dies allein schon ausreicht, sich eine Vogelspinne anzuschaffen. Doch nicht nur die Lebensweise, wozu z. B. der Bau einer Wohnröhre oder eines Nestes gehört, auch der Beutefang, die Häutung oder die Paarung von Vogelspinnen ist so interessant, daß dies für einen Naturliebhaber unvergleichlich ist.

Bedenken Sie, daß es sich bei Ihrer Vogelspinne um ein wildes Tier handelt, welches durch ihre Handhabung erheblich beeinträchtigt werden kann. In der freien Natur kommt schließlich auch niemand auf die Idee die Vogelspinne einmal anzufassen.

Es gibt sehr temperamentvolle Vogelspinnen, die sich gegen ein Anfassen wehren. Aber auch zahlreiche ruhige Spinnen machen das Anfassen problemlos.

Spinnen sind sehr empfindliche Kreaturen, die ernsthaft oder auch tödlich verletzt werden können, wenn sie von ihrem Pfleger angefaßt und fallengelassen werden. Unterschätzen Sie dieses Fallenlassen bitte nicht. Oft geschieht dieses Fallenlassen aus einer Schreckreaktion heraus und dann kann es dazu kommen, daß der Hinterleib einer Vogelspinne, welcher sehr weich und empfindlich ist, aufplatzt. Dieser Hinterleib wird auch Opistosoma oder Abdomen genannt. Ist dieser Hinterleib verletzt worden führt diese Verletzung meist zum Tod der Vogelspinne. Vogelspinnen können auch beißen und deshalb sollten Sie beim Anfassen einer Vogelspinne darauf achten, daß ihre Finger nicht in der Nähe der Beißklauen sind, denn die Bisse einer Vogelspinne sind zwar nicht gefährlich, können aber schon wehtun. Suchen Sie sich für erste Übungen der Handhabung Ihrer Vogelspinnen ein verträgliches Exemplar heraus, das Sie dann probeweise aus dem Terrarium heben. Nach einiger Übung mit diesem ruhigen Tier können Sie die Spinne seitlich zwischen dem zweiten und dritten Beinpaar anfassen und aus dem Terrarium heben. Niemals sollte eine Vogelspinne von oben angefaßt werden. Selbstverständlich dürfen Sie nicht zu fest zudrücken, denn wird an der falschen Stelle gedrückt, kann es zu inneren Verletzun-

Diese Vogelspinne hat sich unter den Blättern der Terrarienbepflanzung verkrochen. Stören sie ihre Vogelspinne nur dann, wenn dies unumgänglich ist.
Foto: Bernd Degen.

UMGANG

Das Herausnehmen einer Vogelspinne kann am besten mit der Hand erfolgen. Falls Ihnen dies nicht möglich ist, können Sie eine spezielle Pinzette zur Hilfe nehmen. Foto: Bernd Degen.

Um Spinnen mit der Hand anzufassen, ist eine gewisse Übung nötig. Der Druck darf nicht zu fest, aber auch nicht zu leicht sein. Die einfachere Methode des Herausfangens ist die, eine Kunststoffdose zur Hilfe zu nehmen. Foto: Bernd Degen.

gen kommen. Will man die Spinne mit der Hand anfassen, so ist es am besten wenn man sie langsam an die Hand ihres Pflegers gewöhnt. Zu diesem Zweck nähert man sich ihnen langsam und läßt sie auf die Hand klettern. Bei aggressiven Vogelspinnen ist dies jedoch kaum möglich und nur mit größter Geduld zu erreichen. Gelingt es Ihnen dennoch aggressive Vogelspinnen auf Ihre Hand klettern zu lassen, so können Sie darauf sehr stolz sein.

Oft ist es nötig die Spinne aus dem Terrarium zu entfernen um Reinigungsarbeiten durchzuführen. Die einfachste Methode dabei ist, eine leere Dose über die Spinne zu stülpen und unter der Dose dann ein festes Blatt Papier oder einen Karton durchzuschieben. So ist die Dose gut verschlossen und die Spinne kann außerhalb des Terrariums solange aufgehoben werden bis die notwendigen Reinigungsarbeiten durchgeführt wurden. Natürlich können Sie auch versuchen Ihre Vogelspinne mit Hilfe einer größeren Spezialpinzette, welche im Fachhandel erhältlich ist, aus dem Terrarium zu nehmen. Diese Pinzetten werden waagerecht gehalten und damit seitlich die Spinne aufgenommen. Greifen Sie auch hier zwischen dem zweiten und dritten Beinpaar zu. Allerdings dürfen Sie nicht zu fest zudrücken, damit Sie die Spinne nicht verletzen können. Mit etwas Gefühl werden Sie jedoch dafür schnell ein Verhältnis bekommen und dann macht es Ihnen schon bald keine Mühe mehr Ihre Vogelspinne richtig zu greifen. Die sicherste Methode um eine Spinne aus dem Terrarium zu entfernen ist jedoch immer noch die gefahrlose Methode des Einfangens in einer Kunststoffdose. Sehr aggressive Vogelspinnen können nach dem Einfangen mitsamt der Kunststoffdose für einige Minuten in den Kühlschrank gestellt werden, damit sie sich durch die niedrigen Temperaturen schnell beruhigen.

Vogelspinnen sind perfekte Ausbrecher und wenn es ihnen einmal gelingt ihre Vorderbeine durch irgendeine Öffnung durchschieben zu können,

UMGANG

Betrachten Sie beim Herausfangen die Vogelspinne etwas genauer und achten Sie dabei auf Milbenbefall und Verletzungen.
Foto: Bernd Degen.

Mit etwas Übung bekommen Sie schnell ein Gefühl dafür, wie Sie Ihre Vogelspinne am einfachsten aus dem Terrarium heben können, um dieses zu reinigen. Greifen Sie dabei gezielt zwischen das zweite und dritte Beinpaar und halten Sie die Spinne gut fest.
Foto: Bernd Degen.

schaffen sie es auch meist den Rest des Körpers nachzuschieben und zu entfliehen. Es ist deshalb schon sehr wichtig, daß alle Terrarien mit gut schließenden Deckeln bzw. Schiebetüren versehen wurden. Dennoch wird es sich nicht vermeiden lassen, daß einmal eine Spinne ausbricht. Falls eine Spinne entflohen ist, sollten Sie nicht sofort in Panik geraten, sondern sich lieber überlegen wo sie wohl hingeflohen sein könnte. Auf dem Boden lebende Spinnen wandern normalerweise in tiefe dunkle Ecken, in Schränke und sogar in Schuhe. Sie suchen sich Stellen die warm und dunkel sind. Baumbewohnende Spinnen dagegen finden Sie meist immer in den oberen Bereichen des Zimmers z. B. in den Ecken der Decken oder auf Schränken. Meist finden Sie Ihre Spinne jedoch nach gründlicher Suche schnell wieder. Da sie nicht dazu neigen weiter weg zu fliehen, können sie auch noch nach Tagen oder Wochen die Spinne im Zimmer des Terrariums entdecken.

Vogelspinnen sind in der Natur nachtaktive Tiere, die ihre Nahrung während der Nachtstunden erbeuten. In der Gefangenschaft lassen sie sich jedoch schnell umstellen und nehmen dann am hellen Tage ihre Nahrung zu sich. Anscheinend registrieren Vogelspinnen in der Gefangenschaft, daß ihnen im Terrarium keine Gefahr droht und sie deshalb tagaktiv werden können. Die regelmäßige Beschäftigung mit dem Tier wird dazu beitragen, daß sich dieses an den Pfleger gewöhnt und seinen Lebensrhythmus auch entsprechend an den Pfleger anpassen wird.

Leider gibt es manchmal Probleme bei der Haltung von Vogelspinnen in Mietwohnungen mit dem Vermieter bzw. mit Nachbarn oder der örtlichen Ordnungsbehörde. Die meisten Menschen besitzen durch zahlreiche Fehlinformationen Angst vor Vogelspinnen. Eine gewisse natürliche Angst bzw. Respekt vor einer solchen Vogelspinne ist verständlich, jedoch

UMGANG

Viele Vogelspinnen sind so friedlich, daß sie mit samt einem Einrichtungsstück herausgehoben werden können, um sie in ein Behältnis umzusetzen, wo sie während der Reinigung des Terrariums kurz verbleiben können. Vogelspinnen gewöhnen sich an die Hand des Pflegers und es ist deshalb wichtig, immer wieder sich mit einer Hand vorsichtig der Spinne zu nähern. So gewöhnen sich die Tiere bald an die Hand die in das Terrarium langt, um z. B. den Wassernapf herauszuheben. Sie geraten dann nicht mehr so leicht in Panik und bleiben sitzen. Foto: Bernd Degen

ist eine übertriebene Angst vor schrecklichen Vogelspinnen völlig unbegründet. Vielleicht versuchen Sie es einmal durch Gespräche oder das Vorzeigen der ungefährlichen Vogelspinne, Ihre Nachbarn bzw. Mitbewohner zu überzeugen. Innerhalb der einzelnen Bundesländer gibt es Verordnungen, die die Haltung von Vogelspinnen schon beeinträchtigen können. Selbstverständlich sind auch die gesetzlichen Vorschriften der Artenschutzbestimmungen zu beachten und einzuhalten. Oft erlaubt der Mietvertrag die Haltung von Tieren in Käfigen. Gemeint sind natürlich in erster Linie Vögel und Fische in Aquarien. Jedoch gehören auch Vogelspinnen, die in Terrarien gehalten werden, zu dieser Art von Tieren. Somit würde dann einer Haltung nichts im Wege stehen. Als Halter von Vogelspinnen obliegt Ihnen natürlich die entsprechende Verantwortung, um Vorsichtsmaßnahmen zu treffen. Es ist deshalb selbstverständlich, daß Terrarien entsprechend stark abgesichert sind und die Möglichkeit einer Gefährdung von anderen Personen ausgeschlossen wird. Leider gehören Vogelspinnen in verschiedenen Bundesländern immer noch zu den "gefährlichen" Tieren. Mit entsprechender Feinfühligkeit und korrekter Vorgehensweise kann es jedoch kaum zu echten Problemen kommen und sicherlich haben Sie dann schnell Spaß an der Haltung Ihrer Vogelspinnen.

VERLETZUNGEN

Tierärzte helfen bei der Versorgung von verletzten Vogelspinnen meist sehr wenig, denn sie haben kaum Erfahrung mit diesen feingliedrigen Tieren. Die meisten Verletzungen bei Vogelspinnen resultieren aus Stürzen, Häutungsproblemen oder Parasitenbefall. Vogelspinnen übertragen auf Menschen keine ansteckenden Krankheiten und deshalb können Sie sich also ruhig näher mit Ihrer Vogelspinne befassen.

Stürze erleiden in der Regel sowohl baumbewohnende Spinnen, als auch am Boden lebende Spinnen, die einmal an der Seite des Terrariums hochklettern und dabei wieder abstürzen. Bei Terrarienhöhen von etwa 20 cm bringt ein solcher Sturz die Spinne in der Regel nicht in Schwierigkeiten. Allerdings können harte Einrichtungsgegenstände, die so unglücklich am Rand der Seitenscheibe positioniert wurden, schon zu Verletzungen führen. Plazieren Sie also harte Rinden oder Steine, sowie Wasserschalen nicht direkt an den Glasscheiben sondern mehr in der Mitte des Terrariums. Selbstverständlich gehören auch niemals Kakteen in ein Vogelspinnenterrarium, denn an deren Stacheln können sie sich ernsthaft verletzen. Mit etwas Glück wird der Fall der Vogelspinne nur ein angeschlagenes Bein zur Folge haben. Allerdings kann es auch

Einblick in ein Terrarium für Trockenbusch- oder Trockenwaldbewohner.

VERLETZUNGEN

zu Blutungen an den Beingelenken kommen. Das Blut von Vogelspinnen ist eine farblose Flüssigkeit, welche aber deutlich zu sehen ist, wenn sie aus dem verletzten Gelenk austritt. Diese Blutung sollte gestoppt werden und dafür gibt es eine einfache Methode. Streuen Sie unparfümierten Talkumpuder auf die Wunde, auch Vaseline wäre ein gutes Blutgerinnungsmittel ist jedoch meist nur schwer auf die Wunde aufzutragen, weil sich die Spinne dies kaum gefallen läßt. Wird die Wunde der Spinne möglichst schnell versorgt, heilt die Wunde problemlos ab. Falls eine Vogelspinne einmal in schweren Verletzungsfällen das Bein abwirft, brauchen Sie sich keine größeren Sorgen zu machen, denn dieses Bein regeneriert sich bei zukünftigen Häutungen wieder völlig. Die viel schlimmere Verletzung für Vogelspinnen ist das Aufplatzen des Hinterleibes. Der Vogelspinnenliebhaber wird diese Verletzung jedoch meist zu spät feststellen und dann ist die Spinne bereits verloren. Gelingt es jedoch die Verwundung der Spinne früh genug festzustellen, könnte sie ebenfalls mit Talkum versorgt werden. Ein wirklich großer Riß ist aber meist unheilbar und das beste ist es dann die Spinne von ihrem Leiden zu befreien und sie zu töten.

Milben können für viele Vogelspinnen sehr lästig werden und sie auf Dauer schädigen. Hier hilft eigentlich nur die gründliche Desinfektion des Terrariums und eine Sterilisation der eingestreuten Herde. Erde oder Bodensubstrat kann z. B. durch Erhitzen im Backofen sterilisiert werden.

In der Natur legen Schlupfwespen ihre Eier auf Vogelspinnen und deren Kokons ab. Die Larven der Schlupfwespen saugen die Spinnen langsam aus, bis diese sterben. In den Kokons schmarotzen sie an den Spinneneiern und zerstören auch diese völlig.

Gelegentlich kommt es auch bei der Häutung zu Verletzungen, wenn z. B. die neue Haut einreißt. Dann kann dies zum Verbluten der Spinne führen. Auch hier hilft das Abdecken mit Vaseline oder Talkumpuder.

Treten einmal Pilzkrankheiten auf können diese mit antimykotischen Salben behandelt werden. Allerdings ist es dann ratsam sich mit Vogelspinnexperten zu unterhalten. Fachhändler, welche Vogelspinnen zum Verkauf anbieten können Ihnen sicherlich da weiterhelfen.

Viele Krankheiten würden sich durch entsprechende Vorbeugemaßnahmen vermeiden lassen. Beobachten Sie also regelmäßig Ihre Vogelspinnen auf Krankheitssymptome. Verweigern die Spinnen ständig ihr Futter, so ist dies sicherlich ein deutliches Anzeichen für eine Krankheit oder eine zu kühle Hälterung. Heben Sie dann die Temperatur des Terrariums an und kontrollieren Sie jetzt die Nahrungsaufnahme. Beginnt der Hinterleib der Vogelspinne langsam auszutrocknen und faltig zu werden, dann ist dies ein Hinweis auf fehlende Luftfeuchtigkeit und mangelndes Trinkwasser.

Regelmäßige Kontrollen und fachgerechte Haltung helfen zahlreiche Krankheiten von vorneherein zu vermeiden.

HALTUNG

Lebensdauer von Vogelspinnen

Die Lebensdauer von Vogelspinnen ist beachtlich. Eine Lebenserwartung von über zehn Jahren ist durchaus normal. Jedoch treffen diese hohen Lebenserwartungen ausschließlich auf die Weibchen zu, denn die Männchen sterben wesentlich früher, teilweise schon ein halbes Jahr nach Erreichung der Geschlechtsreife. Die Geschlechtsreife erreichen die Männchen durchschnittlich im Alter von etwa 15 Monaten, die Weibchen dagegen im Alter von 18 - 20 Monaten.

Der Lebensablauf einer Vogelspinne ist sehr kompliziert und beginnt mit dem Schlüpfen der Jungtiere aus den Eiern. Nach vier bis sechs Wochen schlüpfen aus den kleinen Eiern die jungen Spinnen. Die kleinen Spinnen befreien sich aus dem Ei mit Hilfe eines Eizahnes. Die Spinnenbabys sind völlig farblos, schälen sich aber bereits beim Schlüpfen aus der Embryonalhaut und haben somit bereits ihre erste Häutung vorgenommen. Die kleinen Spinnen sind noch prall gefüllt mit Eidotter, von welchem sie sich in den ersten Tagen ernähren können. Die Jungtiere bleiben je nach Art bis zu sechs Wochen im Eikokon, wo sie sich dann weiterentwickeln und schließlich auch eine dunklere Farbe bekommen. Bei der nächsten Häutung erscheinen sie dann als optisch fast fertige Spinnen. Der Eikokon, den die Mutterspinne angelegt hat, wird von den Jungtieren durchbrochen und verlassen. Immer wieder kehren jedoch die Jungtiere in den Eikokon zurück, wo sie sich bei Beunruhigung verstecken können. Sie besteigen auch immer wieder die bewegungslos verharrende Mutter, auf deren Körper sie sich wohl sicher fühlen. Die Jungspinnen flechten ein dichtes Gespinst, so daß die ganze Umgebung um den Eikokon mit diesem Gespinst angehäuft ist. In diesem Gewebe erfolgt nach einigen Tagen die dritte Häutung und jetzt können Sie vielleicht schon mit etwas Glück diese Häutung beobachten. Unter den Jungspinnen kommt es zu Kannibalismus und die kleineren Geschwister werden von den größeren einfach als Nahrung verspeist. Für den Züchter ist es deshalb wichtig jetzt schon einzugreifen und die Jungtiere zu trennen.

Im ersten Jahr machen die Jungspinnen bis zu acht Häutungen durch und im zweiten Jahr dann nochmals bis zu fünf Häutungen. Die Geschlechtsreife der Spinnen liegt meist im Bereich zwischen zwei und vier Lebensjahren, was auch durch die klimatischen Bedingungen beeinflußt wird. Erwachsene Weibchen wechseln in der Regel nur einmal jährlich ihre Haut aus und im Alter von etwa zehn Lebensjahren erfolgt dann nur noch im Rhythmus von zwei Jahren eine Häutung. Es wurde von Weibchen berichtet, die bis zu zwanzig Jahre alt wurden. Allerdings beträgt das Durchschnittsalter nur zwölf bis vierzehn Jahre. Wenn Sie sich jedoch diese Zahl einmal vor Augen halten, müssen Sie auch wissen, daß Ihnen Ihre Vogelspinne für eine lange Lebenszeit völlig ausgeliefert ist. Es handelt sich um ein Haustier, welches auf Sie angewiesen ist.

Lassen Sie uns noch einmal auf die Unterschiede zwischen erwachsenen männlichen und weiblichen Vogelspinnen eingehen. Je nach Art werden nach 18 Monaten und bis zu fünf Jahren Vogelspinnen ausgewachsen sein. Viele Halter zeichnen nicht die Häutungszyklen Ihrer Spinnen auf und falls man die Spinne nicht seit der Geburt besitzt ist es sehr schwer das genaue Alter festzustellen. Es ist auch zu betonen, daß die Zeit des Heranwachsens je nach Art unterschiedlich lang ist. Bis vor kurzem war es unmöglich beim Erwerb festzustellen, ob man eine männliche oder weibliche Vogelspinne kaufte. Gegenwärtig wird jedoch daran gearbeitet die Geschlechtsbestimmung der Vogelspinnen stark zu vereinfachen. Die Unterschiede zwischen den Geschlechtern bestehen darin, daß ein ausgewachsenes Männchen meist ein oder zwei sichtbare Haken oder Sporne auf den Tibien des ersten Beinpaares hat. Seine Tasterenden werden bauchig und sehen wie kleine Boxhandschuhe aus. Sein Hin-

Haltung

Jungtier von Avicularia versicolor.

terleib ist viel kleiner als der des Weibchens und seine Beine sind normalerweise länger und sehen spindeldürr oder hochbeinig aus. Außerdem sind Männchen meist aktiver und stolzieren ständig durch ihr Terrarium. Nachdem das Männchen sein Spermanetz gesponnen hat, wird es nach einer Partnerin Ausschau halten. Die männlichen Vogelspinnen leben nach ihrer Geschlechtsreifehäutung durchschnittlich noch neun bis sechzehn Monate, da ihre einzige Aufgabe darin besteht sich mit möglichst vielen Weibchen zu paaren. Die Tage einer männlichen Spinne sind nach der Geschlechtsreife gezählt. Sterben die Vogelspinnen, so findet man sie gewöhnlich so vor, daß die Beine unter dem Körper gefaltet sind. Diese Zusammenfaltung des Körpers setzt bereits einige Tage vor dem eigentlichen Tod ein. Wenn die Spinne nach Anblasen durch den Pfleger keinerlei Bewegung mehr zeigt, kann davon ausgegangen werden, daß sie tot ist. Falls man feststellt, daß die Vogelspinne beim Absterben leidet, sollte man sie in eine Tiefkühltruhe legen, da sie dort schnell und schmerzlos sterben wird.

Sind Vogelspinnen giftig?

Alle Spinnen, ja sogar die kleinen Hausspinnen, sind bis zu einem bestimmten Grad giftig. Gegenwärtig werden die Theraphosiden (Vogelspinnen) als eine der ungefährlichen Spinnenarten der Welt betrachtet. Ein Biß ist nicht gefährlicher als ein Bienen- oder Wespenstich. Personen, die jedoch gegen Bienen- oder Wespenstiche allergisch reagieren, sollten den Kontakt mit Vogelspinnen unbedingt vermeiden, um die Gefahr einer Überreaktion auszuschalten. Für eine gesunde erwachsene Person ist der Biß einer Vogelspinne ungefährlich, jedoch können manche Spinnen mit ihren großen Fängen schmerzhafte Bisse verteilen. Soweit bekannt ist, wurde bis jetzt noch niemals jemand durch den Biß einer Vogelspinne in der Gefangenschaftshaltung getötet.

HALTUNG

Männchen von Tapinauchenius latipes.

Erwachsenes Weibchen von Tapinauchenius latipes unmittelbar nach der Häutung. Jetzt sind die Farben sehr intensiv.

HALTUNG

*Bombardierspinnen schleudern die Haare ihres Hinterleibs gegen Eindringlinge oder Angreifer. Für Allergiker sind diese feinen Haare ein großes Problem und sie müssen bei der Pflege von Vogelspinnen diese Tatsache beachten. Auf dem unteren Foto sehen Sie sehr deutlich, daß diese Vogelspinne bereits einen Großteil ihrer Hinterleibshaare zum Bombardieren eingesetzt hat.
Fotos: Bernd Degen.*

Tödliche Spinnenarten sind Arten wie die Schwarze Witwe *(Latrodectus mactans)* oder die Trichterspinne *(Atrax spe.)* die als gefährlich betrachten werden müssen und deshalb keine Haustiere sind.

Wird über Giftigkeit von Vogelspinnen gesprochen, muß auch erwähnt werden, daß die Haare einiger Vogelspinnenarten als giftig angesehen werden. Die Haare dieser Vogelspinnen führen zu Hautausschlägen und anderen unangenehmen Symptomen. Diese Vogelspinnen sind beachtenswerte Bombardierer von Haaren und werden deshalb auch als Bombardierspinnen bezeichnet. Sie kratzen ihren Hinterleib kräftig und lösen dabei eine Wolke von sehr feinen Haaren aus, die sie gegen Angreifer verstreuen. Für Allergiker sind diese feinen Haare u.U. ein großes Problem. Die sehr bekannte *Brachypelma smithi* ist einer der Hauptübeltäter unter den Bombardierspinnen.

HALTUNG

Das Vogelspinnennetz

Spinnennetze sind charakteristisch für ihre Bewohner und oft kann man an der Art der Netzkonstruktion die Bewohnerin erkennen. Bei echten Spinnen, wie der Gartenspinne, ist es leicht diese an ihrem Netz zu erkennen. Auch bei den Vogelspinnen trifft dies oft zu. Die meisten bodenbewohnenden Spinnen der Neuen Welt spinnen mehr zarte Seidenmatten als richtige runde Gespinste. Falls Sie das Substrat eine Woche nach Einzug der bodenbewohnenden Vogelspinnen im Terrarium anfassen, werden Sie feststellen, daß Sie das Substrat mit Seide zusammengebacken hat. Die Gespinste der baumbewohnenden Spinnen aus der Neuen Welt sind sehr charakteristisch. Viele bodenbewohnende Spinnen der Alten Welt spinnen große Gespinste und verkleiden ihre Höhlenseiten und Höhlendecken mit dichter Seide. *Avicularia avicularia* spinnt röhrenartige Gespinste, die so fest sind, daß man sie kaum mit bloßen Händen zerreißen kann. Diese Spinnen leben nicht nur in ihren Gespinsten, sondern häuten sich auch in ihnen und legen ihre Eier in diesen widerstandsfähigen Konstruktionen ab. Wird das Netz einer Vogelspinne einmal zu schmutzig, vernichtet sie es und baut an gleicher Stelle ein neues Netz auf. Alle Spinnweben sind außerordentlich stark und gut haltbar. Die riesige Radnetzspinne *(Nephila spec.)* kann Netze bauen, die einen Durchmesser von bis zu drei Meter erreichen können. Man findet in ihnen recht oft die Reste von Vögeln, was aber nicht bedeuten soll, daß diese Spinne sich auf den Fang von Vögeln spezialisiert hat. Es bedeutet viel mehr, daß sich die Vögel in dieser klebrigen Seide verfingen und dort verendeten. Für den Pfleger von Vogelspinnen gibt es wohl nichts faszinierenderes als eine Spinne beim Bau des Netzes oder dem Beutefang zu beobachten. Als König des Spinnwebenbaus muß bei den Vogelspinnen *Ornithocontus andersonni* angesehen werden. Diese große Vogelspinne der Alten Welt stammt aus Burma. Ihre Spinnweben aber sind etwas besonderes. Innerhalb

Eigenwilliges Wohngespinst von Psalmopoeus irminia in der oberen Ecke eines Terrariums. Das Netz wurde nur teilweise mit Moos getarnt, da der Spinne das Baumaterial ausgegangen ist.

HALTUNG

Pterinochilus vorax hat ihr Wohngespinst auf dem Terrariumboden angebracht. Dieses Verhalten ist nicht normal, denn normalerweise bauen Vogelspinne ihre Gespinste in einen Busch in einer Höhe bis zu 2 m. In Ermanglung eines Astes war die Vogelspinne hier gezwungen, das Gespinst auf dem Boden anzulegen. Informieren Sie sich also immer über die Bedürfnisse, damit sie ihr optimale Hälterungsbedingungen anbieten können.

von 24 Stunden baut sie in einem neuen Terrarium überall ihr Gespinst auf und umwebt sogar Einrichtungsgegenstände. Ihr Netz ist sehr dicht und die Spinne lauert dann am Eingang der Höhle auf Beute.

Es sei auch nochmal darauf hingewiesen, daß Vogelspinnen alleine gehalten werden müssen und niemals mit anderen Spinnen im gleichen Terrarium gepflegt werden dürfen. Nur wenn das Terrarium so unterteilt ist, daß sich die Spinnen nicht treffen können, ist es möglich ein größeres Terrarium für mehrere Spinnen zu benutzen. Eine solche Einzelhaltung ist nicht grausam, sondern entspricht genau der Vorgabe der Natur. Zusammen gehaltene Spinnen würden sich bekämpfen und in der Regel auch gegenseitig töten. Auch in der Wildnis verläßt eine weibliche Vogelspinne nur selten ihre Höhle um zu trinken oder zu fressen. Ein Vogelspinnenmännchen wird von einem Weibchen nur dann in die Höhle gelassen, wenn das Weibchen zur Paarung bereit ist. Nach der Paarung verbleibt das Weibchen in seiner Zurückgezogenheit und baut seinen Eikokon. Nachdem die jungen Spinnen ausgeschlüpft sind, ist das Weibchen nicht unbedingt die beste Mutter und so ziehen die Spinnenbabys oft nach der ersten Häutung aus um sich Nahrung und eine eigene Unterkunft zu suchen. In der Wildnis überleben nur wenige der Spinnenbabys und deshalb hat die Natur wohl auch die teilweise riesige Anzahl an Jungtieren bei Vogelspinnen zugelassen.

FORTPFLANZUNG

Aufzucht von Vogelspinnen

Es ist für einen Vogelspinnenliebhaber sehr lohnenswert Babyspinnen dabei zu beobachten, wie sie anfangen zu fressen, sich zu häuten und langsam zu schönen Vogelspinnen heranwachsen. Die Aufzucht von Spiderlingen erfordert aber sehr viel mehr Aufmerksamkeit als dies bei erwachsenen Vogelspinnen der Fall ist. Es ist mit Sicherheit komplizierter und zeitaufwendiger Jungspinnen großzuziehen, als nur ausgewachsene Spinnen zu pflegen.

Wenn Ihr Vogelspinnenweibchen eines Tages einen "Baumwollball" legt und diesem Ereignis keine Paarung vorausgegangen ist, werden Sie wahrscheinlich etwas erstaunt sein. Der Grund dafür ist, daß Ihr Spinnenweibchen vermutlich ein Wildfang ist und bereits befruchtet war. In jedem Falle ist dieser Baumwollball ein Kokon. Falls er befruchtet wurde und die Spinne den Konkon nicht frißt, werden in sechs bis neun Wochen die Babyspinnen schlüpfen. Wie sollen Sie sich als Pfleger jetzt verhalten? Zuerst sollten Sie die Spiderlinge aus dem Terrarium entfernen, da sie ansonsten Gefahr laufen, von der Mutter aufgefressen zu werden. In der Zeit, in welcher sich das Weibchen um den Konkon bemüht, haben Sie genug Zeit, sich um die Unterbringung der Jungspinnen zu kümmern. Günstiger ist es, das Weibchen aus dem Terrarium in

Dieser Spiderling einer bodenbewohnenden Spinnenart hat ein erstes zu hause in einem größeren Marmeladeglas mit ausreichend Bodensubstrat erhalten. Foto: Bernd Degen.

ein neueingerichtetes Terrarium zu überführen und die Jungspinnen in dem alten Terrarium zu belassen. Füllen Sie jetzt dieses Terrarium halbvoll mit Torf und Moos, damit sich die Jungspinnen kleine Höhlen graben können. So gehen sie sich am besten aus dem Wege und bekämpfen sich nicht. Dies ist für einige Wochen eine gute Möglichkeit, da sie erst nach einiger Zeit mit dem Fressen beginnen. Babyspinnen haben die ersten beiden Häutungen innerhalb des Kokons durchgemacht und machen dann nach einigen Wochen die erste Häutung außerhalb des Kokons durch.

Oftmals tragen die Spiderlinge ein Jungendkleid, welches sich später im Laufe des Wachstums zur endgültigen Farbgebung umwandelt. Je nach Art kann ein Kokon 30 - 1200 Eier und somit auch soviele Jungtiere enthalten. Als Erstfutter für die Jungspinnen eignen sich junge, frischgeschlüpfte Grillen und Fruchtfliegen. Diese Futtersorten können Sie über den Zoohandel regelmäßig erhalten. Unter der Voraussetzung, daß Sie regelmäßig die Jungspinnen füttern und die vorgeschriebene Luftfeuchtigkeit im Terrarium einhalten, können die Spiderlinge noch für einige Wochen im gleichen Terrarium leben.

Nach spätestens vier oder fünf Wochen ist es so weit, daß die Jungspinnen in Einzelterrarien gesetzt werden müssen. Dies ist eine verhältnismäßig einfache aber zeitraubende Tätigkeit, um die Sie aber nicht herumkommen. Die besten Behälter sind kleine Plastikdosen, die der Größe der Spiderlinge angepaßt sind. Diese Plastikbehälter erhalten Sie im Fachhandel. Sie eignen sich auch für Babyspinnen, die Sie von anderen Züchtern erworben haben. Jeder dieser Behälter kann bis zu 2/3 mit feuchtem Vermikulit aufgefüllt werden. Legen Sie auf die Oberseite des Vermikulits etwas Moos, bevor Sie die Jungspinne hineintun. Ein einfacher Weg, um Jungspinnen ohne Verletzung zu fangen ist eine Filmdose. In diese Filmdose können Sie die Jungspinne mit der Fingerspitze hineintreiben. Sie können allerdings auch eine Federpinzette benutzen, so daß eine Verletzung ausgeschlossen ist. Sofern die Luftfeuchtigkeit in der Dose hoch genug ist, benötigen Sie keinen Wasserbehälter. Ein kleiner feuchter Wattebausch oder ein in Wasser getränktes Papierhandtuch. welches täglich gewechselt werden sollte, ist kein Fehler. Die Fütterung sollte täglich durchgeführt werden, solange das Jungtier frißt. So gelingt die Aufzucht von jungen Vogelspinnen relativ problemlos und außerdem macht sie auch viel Spaß. Allerdings ist das Absetzen einer größeren Anzahl von jungen Vogelspinnen später sicherlich nicht unproblematisch. Überlegen Sie es sich deshalb bitte vorher, ob Sie Ihre Vogelspinnen nachzüchten wollen.

Paarung von Vogelspinnen

Viele der bei uns in Gefangenschaft gehaltenen Vogelspinnen zählen bereits zu den bedrohten Tierarten oder werden bald dazugehören. Deshalb ist es wichtig, daß diese noch in der Wildnis lebenden Arten erhalten werden müssen. Verantwortungsvolle Vogelspinnen-Liebhaber tendieren auch immer stärker zum Kauf von Nachzuchtspinnen. Somit werden den Wildbeständen kaum noch Tiere für die Terraristik entnommen. Die Zucht von Vogelspinnen floriert sehr gut und auch international werden Zuchtprogramme durchgeführt, die der Erhaltung von Vogelspinnen dienen.

Es ist deshalb durchaus richtig, wenn Sie sich zur verantwortungsvollen Nachzucht von Vogelspinnen entschließen. Gehen wir einmal davon aus, daß Sie ein erwachsenes, männliches Tier besitzen von dem Sie sicher sind, daß es sich um ein Männchen handelt. Einige Wochen nach der Reifehäutung baut dieses Männchen normalerweise in einer Ecke des Terrariums ein kleines hängemattenartiges Netz. Das Männchen wird nach dem Bau dieses Netzes auf dem Rücken unter dieses klettern, um sein Sperma darauf zu legen. Danach klettert es auf das Netz und füllt seine beiden Bulben mit Spermien. Nachdem dieses Ritual durchgeführt wurde, wird das Netz normalerweise zerstört und zusammengebündelt in der Ecke liegen gelassen. Manchmal fressen es die Spinnen auch direkt auf. Die harte

FORTPFLANZUNG

Da viele Vogelspinnenarten bereits zu den bedrohten Tierarten zählen, ist es auch eine wichtige Aufgabe der Terraristik, Vogelspinnen nachzuzüchten. So trägt der Vogelspinnenliebhaber dazu bei, daß die Wildbestände geschont werden. Hier Psalmopoeos irminia, ein Weibchen mit sehr schöner Zeichnung und Färbung.

Arbeit des Männchens ist nun vorbei und es wird sich anschließend aktiv verhalten und durch das Terrarium laufen, um nach einer Ausbruchsmöglichkeit, bzw. dem Weibchen zu suchen. Jetzt wäre es also wichtig ein Weibchen der gleichen Art zu besitzen. Möglicherweise besitzt ein Ihnen bekannter Vogelspinnen-Liebhaber ein solches Weibchen, welches jetzt zur Verpaarung verwendet werden kann. Der beste Weg Vogelspinnen zu verpaaren ist der folgende. Versichern Sie sich, daß beide Spinnen die Tage vor dem Zusammentreffen sehr gut gefüttert wurden. Der frühe Abend stellt sich als beste Paarungszeit heraus und Sie sollten sich dafür mit einem Wasserzerstäuber und einem Stück starker Pappe bewaffnen um beim Kampf der Geschlechter zwischen Männchen und Weibchen rechtzeitig eingreifen zu können. Setzen Sie das Männchen in das Terrarium des Weibchens und bitte machen Sie es genau so und niemals umgekehrt. Beobachten Sie jetzt sehr genau die beiden Spinnen. Das Männchen führt oft, jedoch nicht immer, einen Art von Tanz auf indem es mit den Vorderbeinen und den Tastern auf das Substrat stampft. Das Weibchen stampft oft, falls es willig ist, zurück. Das Männchen wird am ganzen Körper zu zittern beginnen und den Unterleib auf das Substrat legen und danach wieder hochnehmen. Nach dieser Vorstellung wird das Männchen auf das Weibchen zugehen, welches dann seine Chelizeren spreizt und entblößt. Danach wird sich das Männchen mit seinen Tibiaapophysen in die Chelizeren des Weibchens einhaken und mit der Befruchtung beginnen, indem

FORTPFLANZUNG

Psalmopoeos irminia. Hier das Männchen zu dem auf Seite 36 gezeigten Weibchen. Die Paarung verläuft nicht immer reibungslos und gerade die Männchen sind gefährdet, denn die Weibchen neigen dazu, sie zu töten.

es seine Bulben über und in die Vulva des Weibchens schiebt. Da sich das Männchen in die Fänge des Weibchens einhakte hat es keine unmittelbaren Probleme, da es nicht vom Weibchen gebissen werden kann. Nach der Paarung muß das Männchen jedoch das Weibchen beruhigen bis es eine Möglichkeit hat sich vom Weibchen zu lösen und zu fliehen. Es tut dies indem es langsam losläßt und mit dem Bein den Hinterkörper des Weibchens streichelt. Während dieser Zeit löst es seinen zweiten Tibiaapophysen aus den Chelizeren des Weibchens. Nachdem dies abgeschlossen ist, wird das Männchen normalerweise von dem Weibchen weglaufen. Bis es schließlich weit genug entfernt ist, um herausgenommen werden zu können.

Eine Paarung pro Pärchen ist normalerweise ausreichend, es schadet jedoch nicht, wenn man nach einigen Tagen die Paarung wiederholt, nachdem das Männchen ein weiteres Samennetz gesponnen hat. Jedoch muß dieses erneute Spinnen eines weiteren Samennetzes nicht unbedingt gleich nach der ersten Paarung wieder erfolgen.

Die hier beschriebene Paarung der Vogelspinnen stellte den Idealfall dar und verläuft in der Praxis nicht immer so reibungslos. Manchmal wird das Weibchen auf das Männchen zurennen und es beißen, um es danach in die Höhle zu tragen. Falls dies der Fall ist, ist kaum noch Rettung für das Männchen möglich. Zwischenfälle sind also immer wieder im Bereich des Möglichen und auch als normal anzusehen.

Fortpflanzung

Manche Spinnenarten sind während der Paarung sehr aggressiv. Zu diesen aggressiven Arten gehört z. B. *Brachypelma mesomelas*. Die Männchen dieser Art müssen nach der Verpaarung sehr schnell aus dem Terrarium des Weibchens entfernt werden, denn sonst sind sie verloren. Auch Pärchen von *Aphonopelma seemanni* können sehr robust und schlecht miteinander umgehen. Die Männchen dieser Art scheinen sehr zurückhaltend zu sein, obwohl sie alle normale Voraussetzungen für eine Paarung mitbringen. Wenn man sie zusammen mit dem Weibchen in ein Terrarium steckt, fangen die Schwierigkeiten sehr schnell an, da das Weibchen zu 90 % zur Paarung bereit ist, jedoch das Männchen nicht. Die Männchen dieser Art gelten als sehr unzuverlässige Zuchtpartner.

Mit *Avicularia avicularia* gibt es meist nur wenige Probleme bei der Paarung. Auch *Brachypelma smithi* gilt als eine der am einfachsten zu züchtenden Vogelspinnenarten. Oft laufen ihre Paarungsabläufe geradezu bilderbuchmäßig ab. Probleme treten bei dieser Art offensichtlich erst viel später auf, wenn das Weibchen wahrscheinlich Fruchtbarkeitsperioden zeigt und deshalb den männlichen Samen bis zu einem Jahr aufbewahren kann. Sie legt dann ihre Kokons im Frühling. Zu den friedlichsten Vogelspinnen überhaupt zählt *Pterinopelma saltator*. Diese Vogelspinne ist wirklich sehr friedlich und wenn sie aus dem Terrarium genommen wird, bleibt sie auf der Hand sitzen und scheint sich nicht unwohl zu fühlen.

Nach der Paarung wird das Weibchen für einige Zeit normal fressen bis es schließlich damit beginnt eine Seidenmatte auf das Substrat zu spinnen, in welches es kleine gelblich aussehende Eier legt. Der Kokonbau kann jedoch auch wesentlich später erfolgen. Erst nach der nächsten Häutung muß dann neu verpaart werden, da die Epygene und somit auch das darin enthaltene Sperma mitgehäutet wurden. Somit ist das Weibchen nach einer Häutung wieder "jungfräulich". Wurden die Eier in die Seidenmatte gelegt, wird diese anschließend aufgewickelt bis sie wie ein größerer Wattebausch aussieht, der dann der sogenannte Kokon ist. In der Natur werden diese Paarungsverhalten und der Kokonbau sicherlich durch klimatische Veränderungen der Jahreszeit ausgelöst. Im Terrarium sind die Auslösefaktoren sicherlich nicht die gleichen, aber bisher nicht exakt bekannt. Im Terrarium kann durch einen simulierten Klimawechsel der Bau des Kokons beschleunigt werden. Es ist jedoch auch gut zu wissen, daß der Konkonbau auch noch nach einem Jahr nach der Begattung erfolgen kann. Angekündigt wird der Bau eines Kokons meist damit, daß das Weibchen die Nahrung verweigert. Der Einblick in das Innere des Nestes ist oft verwehrt und jetzt kann man nur noch abwarten, ob sich das Tier gehäutet hat und dann nach einigen Tagen wieder zum Vorschein kommt, oder ob es tatsächlich einen Kokon gebaut hat. Den Kokon bewacht das Weibchen in der Regel bis die Jungtiere schlüpfen. Bemerkt es jedoch, daß etwas nicht in Ordnung ist, oder wurde es massiv gestört, kann es sein, daß es diesen auffrißt.

Schlüpfen dann endlich die Babyspinnen aus, muß das Weibchen in ein anderes Terrarium umgesetzt werden, damit es sich nicht an der eigenen Nachkommenschaft vergreift. Die Babyspinnen schlüpfen durch ein Loch, welches am oberen Ende des Kokons entsteht. Sollten sich beim Schlupf Schwierigkeiten ergeben, kann dieses Loch vorsichtig mit einer Schere vergrößert werden.

GESCHLECHTSBESTIMMUNG

Um Vogelspinnen erfolgreich aufziehen zu können und später zur Paarung zu bringen, müssen Hobbyterrarianer sich auch mit der Geschlechtsbestimmung von Vogelspinnen befassen. Die Geschlechtsbestimmung ist eine schwierige Aufgabe und nur durch entsprechende Übung und Erfahrung ist es möglich hier erfolgreich zu sein. Da die geschlechtsreif gewordenen Spinnenmännchen nach Eintritt der Geschlechtsreife nur noch maximal bis zu zwanzig Monate lebensfähig sind, ist es deshalb wichtig, daß jedes Jahr in einer erfolgreichen Vogelspinnenzucht Männchen aufgezogen werden, da sie ja nur für wenige Monate nach ihrer Geschlechtsreife zur Weiterzucht zur Verfügung stehen. Der einzige effektive Weg um dies zu erreichen, ist die Babyspinnen aufzuziehen bis sie erwachsen sind.

Es ist weiterhin wichtig, so früh als möglich festzustellen, ob Männchen unter den Jungtieren vorhanden sind und daher ist die Geschlechtsbestimmung im frühen Alter unumgänglich. Auf diese Art kann viel überflüssige Arbeit vermieden werden. Die jungen Männchen können dann in einer Anzahl aufgezogen werden, die der der zukünftig paarungsbereiten und vorhandenen Weibchen entspricht.

Den Körper einer Vogelspinne kann man wie bei allen Spinnen in zwei Teile untergliedern. Der Vorderkörper beinhaltet die Augen, Beine usw. Der Hinterleib beinhaltet die Buchlungen, Spinndrüsenregion sowie die Öffnungen der Fortpflanzungsorgane. Die weiblichen Fortpflanzungsorgane bestehen aus zwei Eierstöcken sowie Röhren durch die die Eier über eine vergrößerte Tasche nach außen befördert werden. Vor dieser Tasche gehen zwei Säcke ab, in denen der männliche Samen gelagert wird. Sie werden Spermatheken genannt. Zu diesem Zeitpunkt sollte man das Exoskelett berücksichtigen, welches aus einem harten Material besteht, das Exuvie genannt wird. Das harte und starre Exoskelett verhindert das Wachstum des Spinnenkörpers. Das wirkliche Wachstum kann daher nur direkt nach der Häutung erfolgen. Alles äußerliche häutet sich dabei. Die Haare, Spinndrüsenregion, Klauen, Augenlinsen und sogar einige Teile des inneren Körpers wie z. B. die Buchlungen, der Magen und die Spermathek. Die neue Oberhaut befindet sich gefaltet unter der alten Haut und kann unmittelbar während und nach der Häutung gespannt werden. Die Spermathek und die Uterus-Tasche sind mit der Oberhaut beschichtet. Die Spinnenweibchen, die sich als erwachsene Spinnen häuten, werfen diese Beschichtung mit der alten Haut ab. Dies bedeutet, daß alle vorher gepaarten Weibchen wieder jungfräulich werden, da alle aufbewahrten Samen mit der abgeworfenen Haut verloren werden.

Es ist auch wichtig zu bedenken, daß das Vorhandensein der Spermathek darauf hinweist, daß es sich zweifellos um eine weibliche Spinne handelt. Daher kann das Geschlecht der Spinnen am Vorhandensein oder nicht Vorhandensein der Spermathek nach der Häutung bestimmt werden. Die Haut muß weich und elastisch sein, um diese Untersuchung zu ermöglichen. Die beste Methode ist die Haut in einer Mischung aus Wasser und flüssiger Seife weichen zu lassen, um danach die Haut des Hinterleibes vorsichtig auseinanderfalten zu können.

Es ist günstig diese nasse Haut auf eine Glasscheibe zu legen und so anzuordnen, daß beide Buchlungen zu sehen sind. Für erwachsene Spinnen reicht eine Lupe mit einer zehnfachen Vergrößerung aus, für kleine Babyspinnen ist jedoch ein Stereomikroskop mit etwa 50facher Vergrößerung wesentlich besser.

Die nächste Aufgabe ist es jetzt die vorderen Buchlungen zu finden. Zwischen diesen beiden Buchlungen befindet sich die Epigastralfurche. Oberhalb dieser Furche befinden sich die weiblichen Geschlechtsorgane, an welchen wir interessiert sind.

GESCHLECHT

Lasiodora parahybana hat sich gerade auf ihrem Häutungsnetz zur Häutung auf den Rücken gelegt.

Die Spermathek existiert in zwei Hauptarten - einlappig oder zweilappig. Damit Sie jedoch wissen, wonach Sie suchen, sollten Sie sich die Seitenansicht einer weiblichen Epigyen-Region genau ansehen. Bei den meisten Apten ist ein Weibchen recht einfach erkennbar, aber um ein Männchen identifizieren zu können, benötigt man einige Erfahrung, da manche Arten zusätzliche Drüsen an der Stelle haben, wo sich die Spermathek befindet. Somit ist ein Irrtum durchaus möglich. Die zusätzlichen Drüsen eines erwachsenen Männchens können mit der Spermathek von heranwachsenden jungen Weibchen ab ihrer sechsten Häutung verglichen werden.

Die Geschlechtsbestimmung von Babyspinnen ist ein sehr wichtiges Gebiet, welches viele Möglichkeiten für die Zucht dieser wundervollen Tiere eröffnet. Im Alter von etwa vier Monaten kann bei Häutungen das Geschlecht bestimmt werden. Wesentlich einfacher ist jedoch die Geschlechtsbestimmung ab einem Alter von etwa sechs Monaten. Nachdem Sie das Geschlecht Ihrer Spinne festgestellt haben, können Sie sie leicht in das zukünftige Zuchtprogramm einschließen. Männchen aller Arten werden gerne von anderen Züchtern genommen, sofern sie nicht selbst Paarungen durchführen möchten.

Falls Sie weder die Zeit noch das Interesse haben, die Exuvie Ihrer Spinne zu untersuchen, müßten Sie sich an einen bekannten Züchter wenden. Adressen können Sie sicherlich durch die einschlägige Fachpresse bekommen.

Nach der Häutung bleibt die leere Exuvie im Terrarium zurück. Hier die Exuvie von oben gezeigter Vogelspinne. Anhand der Exuvie können Fachleute eine Geschlechtsbestimmung vornehmen.

Geschlecht

Dorsale und ventrale Ansicht einer männlichen Spinne

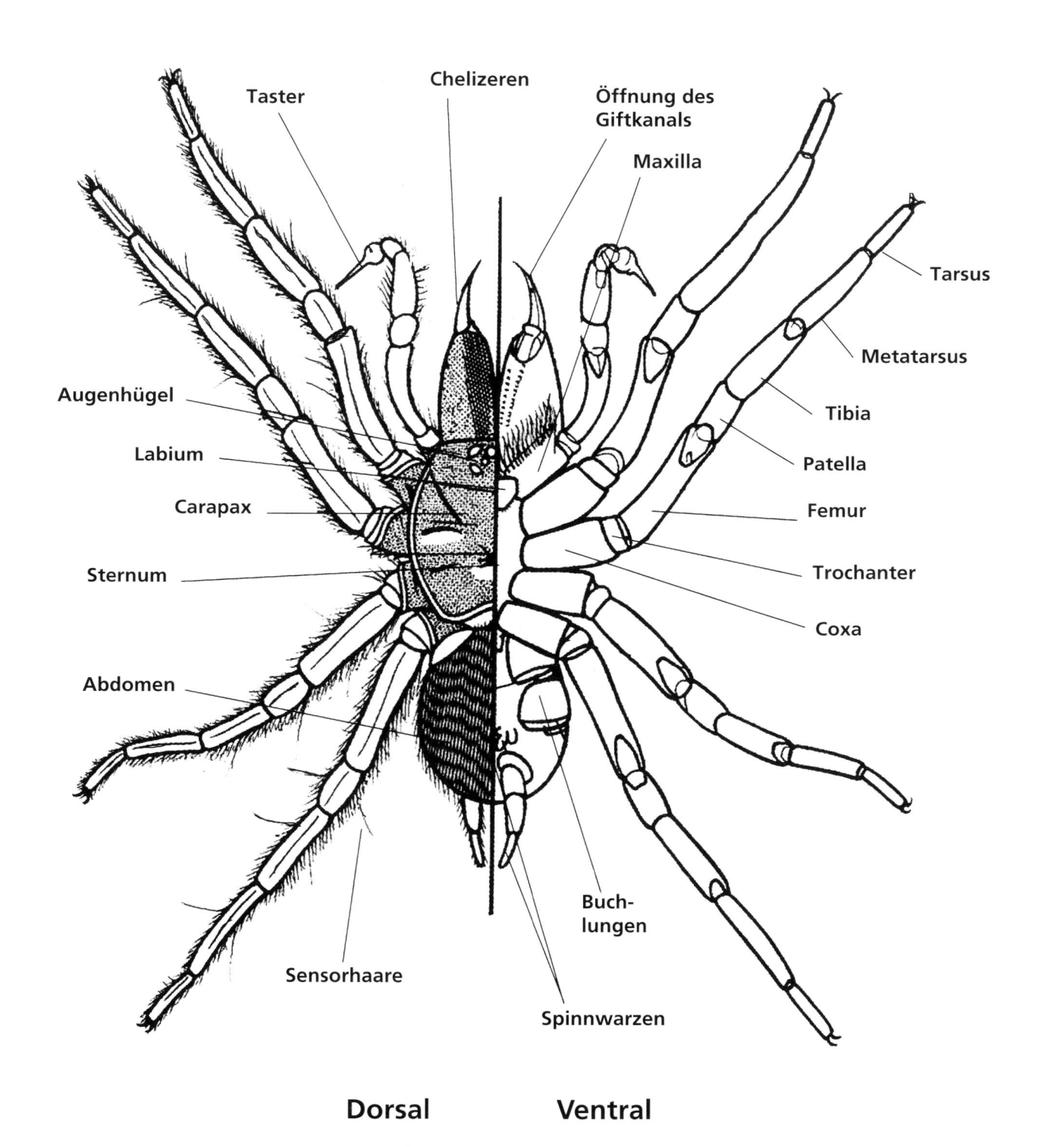

- Taster
- Chelizeren
- Öffnung des Giftkanals
- Maxilla
- Tarsus
- Metatarsus
- Tibia
- Augenhügel
- Patella
- Labium
- Femur
- Carapax
- Trochanter
- Sternum
- Coxa
- Abdomen
- Buchlungen
- Sensorhaare
- Spinnwarzen

Dorsal **Ventral**

ARTENTEIL

Acanthoscurria antillensis

Deutsch: Antillen-Vogelspinne (Händlerbezeichnung)
Vorkommen: Kleine Antillen, St. Vincent, St. Lucia,
Über das Verhalten dieser kleinen Spinne, die nur bis zu sieben Zentimeter groß wird, ist nur wenig bekannt, jedoch weiß man, daß sie an Hängen tiefe Wohnröhren baut. Die Unterseite der Spinne ist etwas dunkler als die Oberseite. Auffallend ist, daß das Abdomen in der Mitte schwarzbraun ist. Die Behaarung ist relativ dicht. Auch die Beine zeigen eine schwarzbraune Tönung. Die insgesamt mehr dunkelrostbraune Färbung rötet etwas aus, um dann nach der Häutung wieder dunkler zu erscheinen. Gerade die erwachsenen Männchen zeigen durchgehend rostbraune Töne, wobei ihr Cephalothorax leicht metallisch schimmert.

Vogelspinnen der Gattung *Acanthoscurria* gehören zu den aggressiveren Vogelspinnen, die auch etwas giftiger sind, was jedoch nicht bedeutet, daß sie dem Menschen lebensgefährlich werden können. *A.antillensis* ist eine sehr aktive und lebhafte Vogelspinne und dies muß bei der Einrichtung und Größe des Terrariums entsprechend berücksichtigt werden. Sie liebt Versteckplätze und Klettermöglichkeiten und deshalb müssen einige große Steine und Wurzelstücke zum Klettern angeboten werden. Da sie gerne gräbt, ist der Bodengrund entsprechend hoch einzubringen. Eine Bodenschicht von mindestens zehn Zentimetern ist anzuraten. Was die Größe des Terrariums angeht, so ist eine Mindestgrundfläche von 30x40 cm nicht zu unterschreiten. Wenn Sie die Möglichkeit haben, sollten Sie ein größeres Terrarium für diese Vogelspinne anbieten. Die Pflege dieser Art bereitet keine wesentlichen Probleme. Bei ihrer Handhabung ist entsprechend vorsichtig umzugehen, da sie schon aggressiv reagieren kann.

Haltungsrichtlinien:	
Temperatur:	25 - 28°C, keinesfalls unter 20°C
Beleuchtung:	Täglich ca. 10 Stunden
Bodengrund:	Sandige Erde durchsetzt mit Laub und Rindenmulch, mäßig feucht halten.
Lebensweise:	Bodenbewohnend, aktiver Kletterer
Verhalten:	Sehr lebhaft, manchmal bissig
Futter:	Kleine Mäuse, verschiedene Insekten
Besonderheiten:	Gestaltet die Einrichtung des Terrariums durch Graben um. Nicht allzuoft im Handel erhältlich.

Die sogenannte Antillen-Vogelspinnen ist noch eine wenig bekannte Vogelspinnenart, die zu den aggressiveren Vogelspinnen gehört und deshalb für den erfahreneren Terrarianer geeignet ist.

ARTENTEIL

Aphonopelma saltator

Deutsch: Kein offizieller Name, jedoch Händlerbezeichnung "Blaue argentinische Vogelspinne" oder "Weißnacken-Vogelspinne"

Vorkommen: Uruguay, Argentinien

Über das Leben dieser Vogelspinne in der Natur ist nicht allzuviel bekannt. Als Bodenbewohner bevorzugt sie trockenere Gebiete, wo sie sowohl tag- als auch nachtaktiv ist. Die gesamte Körperlänge beträgt bis zu sechs Zentimetern und das auffallendste Merkmal dieser Vogelspinne ist der große eiförmige Hinterleib und die Abstufung der Grautöne von hell nach dunkelgrau. So sind z.B. die Taster und die ersten beiden Beinpaare hellgrau, während das Abdomen und die dritten und vierten Beinpaare schwarzgrau sind, mit einer rötlichen Langbehaarung. Die Enden der einzelnen Beinglieder tragen helle Ringe. Auch auf der Unterseite ist es so, daß die vordere Körperpartie heller erscheint, während die hintere Körperpartie dunkelgrau ist.

Für die Terrarienhaltung benötigt diese Vogelspinne ein Terrarium mit ausreichend Versteckmöglichkeiten. Das Terrarium muß nicht allzu groß sein und eine Grundfläche von 30x30 cm ist ausreichend. Wichtig ist, daß das Terrarium trocken gehalten wird. *Aphonopelma saltator* ist während des ganzen Tages aktiv und dies kommt dem Pfleger sehr entgegen, denn so kann er seine Vogelspinne ganztags beobachten. Auch während der Nacht bleibt diese Spinne aktiv.

Diese Vogelspinnen aus Argentinien fällt durch ihren großen, eiförmigen Hinterleib sofort auf.

Haltungsrichtlinien:

Temperatur:	25 - 27°C mit einer möglichen Nachtabsenkung auf knapp unter 20°C.
Beleuchtung:	Benötigt viel Tageslicht, jedoch keine direkte Sonneneinstrahlung, Dauer 10 - 12 Stunden.
Bodengrund:	Eine lehmhaltige Erde wird bevorzugt, die jedoch nur ab und zu etwas angefeuchtet wird.
Verhalten:	Eine sehr lebhafte Spinne, die jedoch relativ zahm wird.
Futter:	Insekten, frischgeschlüpfte Mäuse
Besonderheiten:	Auffallend ist, daß diese Vogelspinne nur sehr wenig Futter aufnimmt.

ARTENTEIL

Aphonopelma seemanni

Deutsch: Eingeführter Händlername "Gestreifte Guatemala-Vogelspinne".
Vorkommen: Mexiko bis Costa Rica, Kalifornien und Texas

A.seemanni ist relativ gut im Fachhandel zu erwerben. Farblich kann sie sehr unterschiedlich ausfallen, was vermutlich mit der jeweiligen Herkunft zusammenhängt. Deshalb wird erwägt ob nicht eine Unterteilung in Unterarten vorgenommen werden kann. Alle Exemplare dieser Vogelspinne besitzen eine graue Grundfärbung und weißliche Längsstreifen auf den Beinen. Allerdings ist die Variation der Färbung sehr variabel. So wurden schon hellgraue, aber auch tiefschwarze Exemplare angeboten. Die Männchen erscheinen etwas einheitlicher grau, besitzen jedoch auch Farbnuancen. *A.seemanni* lebt auf den Böden heller Wälder und dieser Tatsache muß bei der Terrarieneinrichtung Rechnung getragen werden.

Aphonopelma seemanni ist oft im Handel erhältlich und sehr anspruchslos und langlebig. Für Anfänger ist diese Vogelspinne ideal.

A.seemanni ist sehr anspruchslos und langlebig und deshalb für Einsteiger in der Vogelspinnenhaltung empfehlenswert. Sie ist regelmäßig in großen Mengen im Handel erhältlich. Das Terrarium ist so einzurichten, daß ein ausreichend hoher Bodengrund von 8-10 cm zur Verfügung steht. *A.seemanni* bevorzugt ein bepflanztes Terrarium.

Haltungsrichtlinien:

Temperatur:	Die Tagestemperaturen sollten um 27°C liegen. Nachts ist eine Absenkung auf etwa 20°C möglich.
Beleuchtung:	Tageslicht ist ausreichend bei entsprechendem Standort des Terrariums.
Bodengrund:	Leicht feuchtes Sand-Torfgemisch
Lebensweise:	Nachtaktiv, bodenbewohnend
Futter:	Insekten, kleine Mäuse
Ansprüche:	Boden darf nie völlig austrocknen, deshalb regelmäßig sprühen

ARTENTEIL

Avicularia avicularia

Deutsch: Gemeine Vogelspinne
Vorkommen: Brasilien, Venezuela Guayana, Surinam, Trinidad

Sehr bekannte baumbewohnende Vogelspinne, die auf Solitärbäumen oder an Waldrändern lebt. Die intensiv schwarze, leicht glänzende Spinne wird bis zu sechs Zentimetern lang. Die ersten drei Beinpaare sind mit schwarzgrauen Langhaaren versehen, die an den Spitzen weißliche Enden zeigen. Das vierte Beinpaar dagegen trägt eine rötlich braune Behaarung, jedoch auch hellere Spitzen. Überhaupt erscheint die Behaarung bei erwachsenen Tieren sehr dicht.

Bei A. avicularia handelt es sich um eine anspruchslose Vogelspinne, die in einem gut bepflanzten Terrarium gut zu halten ist. Sie neigt dazu, gerne zu springen, wenn genügend Platz im Terrarium vorhanden ist. Aggressiv ist diese Art nicht.

Das Terrarium sollte stets eine ausreichende Luftfeuchtigkeit aufweisen und deshalb muß regelmäßig gesprüht werden. Wird z.B. Moos miteingepflanzt, so ist die Feuchtigkeitshaltung besser. Wenn die Spinne beginnt großflächige Gespinnste unter der Terrariendecke oder in Pflanzenteilen anzubringen, dann sind auch diese mitzubesprühen, damit sich dort Wassertropfen sammeln können, von welchen die Tiere Wasser aufnehmen. Dennoch ist ihnen aber auch

Haltungsrichtlinien:

Temperatur:	Tagsüber bis zu 30°C, während der Nacht Absenkung auf bis zu 20°C.
Beleuchtung:	Mindesten zehn Stunden täglich beleuchten
Bodengrund:	Feuchte Lauberde mit Moos
Lebensweise:	Baumbewohner unterschiedlich aktiv
Verhalten:	Teils aktiv, kann sehr zahm werden
Futter:	Insekten und kleine Mäuse
Ansprüche:	Terrarium regelmäßig mit Wasser sprühen
Besonderheit:	Spinnen oft große Teile des Terrariums völlig zu.

Sehr bekannt ist A. avicularia, die als Baumbewohnerin ein entsprechend eingerichtetes Terrarium benötigt. Sie ist gut haltbar und ebenfalls für den Anfänger empfehlenswert.

ARTENTEIL

Diese Vogelspinnenart gedeiht sehr gut im Terrarium, wenn sie entsprechend hohe Temperaturen bis zu 30 °C geboten bekommt. Als Baumbewohnerin kann sie sehr aktiv werden. Beschäftigt sich der Pfleger intensiv mit dieser Vogelspinne, dann wird sie in der Regel sehr zahm. Als typische Eigenart kann angeführt werden, daß sie das Terrarium zu großen Teilen mit ihrem Spinnennetz völlig zuspinnt.

ein Wassernapf im Terrarium anzubieten. Ihre Paarung verläuft in der Regel unkompliziert, da sich gutgenährte Weibchen gegenüber den Männchen normalerweise nicht aggressiv benehmen. Im Handel werden diese Vogelspinnen auch unter der Bezeichnung *Avicularia metallica* angeboten.

ARTENTEIL

Eine kleine aber teilweise aber bissige Vogelspinnenart.

Avicularia pulchra

Deutsch: Wir im Handel oft als "Rote Zwerg-Avicularia" angeboten.

Vorkommen: Vor der Ostküste Brasiliens

A. pulchra ist eine kleinere aber lebhafte Vogelspinne, die eine Körpergröße von etwa fünf Zentimetern erreicht. Die Beine dieser Vogelspinne zeigen einen Farbverlauf von Bronze nach Schwarz mit leicht blauem Schimmer. Während Jungtiere, die meist für Avicularia-Arten typische Schwarz-Rotzeichnung auf dem Abdomen tragen, ist die Färbung bei erwachsenen *A. pulchra* auf dem Abdomen rotgolden. Diese Vogelspinne benötigt keine Terrarien mit viel Grundfläche, jedoch ausreichender Höhe. Da sie eine baumbewohnende Spinne ist, sollte das Terrarium mit einem stark verzweigten, gebüschähnlichen Reisig ausgestattet sein. In diesem Gebüsch kann *A. pulchra* ihr Wohngespinst bauen. Beim regelmäßigen Sprühen des Terrariums ist darauf zu achten, daß sich einige Wassertropfen im Gespinst sammeln können, denn dort wird *A. pulchra* sich mit Trinkwasser versorgen. Insgesamt ist diese Vogelspinnenart anspruchslos, kann aber bei aktiver Lebensweise durchaus etwas bissig werden. Ihre Wohngespinste erreichen beachtliche Größen und oft spinnt sie ganze Teile des Terrariums einfach zu.

Eine leicht feuchte Bodenabdeckung wird bevorzugt.

Haltungsrichtlinien:

Temperatur:	Die Tagestemperaturen sollten um 30°C liegen. Nachts ist eine Absenkung auf etwa 20°C möglich.
Beleuchtung:	Eine Beleuchtung für 10-12 Stunden täglich stellt das ideale Mittelmaß dar.
Bodengrund:	Eine leicht feuchte sandige Erde wird bevorzugt.
Lebensweise:	Baumbewohner, bevorzugt Gebüsche
Futter:	Insekten, wobei sehr hartschalige meist abgelehnt werden.
Ansprüche:	Terrarium regelmäßig sprühen

ARTENTEIL

Eine kleine sehr schöne Vogelspinnenart aus dem Amazonasgebiet mit sehr attraktiver Behaarung.

Avicularia purpurea

Deutsch: Im Handel oft als "Purpur-Vogelspinne".
Vorkommen: Amazonas-Gebiet Equadors

Auch hier handelt es sich um eine kleinere Vogelspinne deren Körperlänge nur fünf bis sechs Zentimeter beträgt. Die schwarze Grundfärbung wird überdeckt von einem lilafarbigen bzw. violetten Schimmer, der bei der Namensgebung ausschlaggebend war. Sehr attraktiv ist die lange feine Behaarung der Beine und des Abdomens, wobei die fast borstig wirkende Langbehaarung weißgrau schimmert. *Avicularia purpurea* ist durch ihre Behaarung und ihren metallischen Glanz eine durchaus attraktive Vogelspinnenart, die zudem auch sehr friedlich ist. Diese Spinne ist nicht überaus aktiv und deshalb reicht ein Terrarium mit einer Grundfläche von etwa 25 cm durchaus zur Unterbringung aus. Da sie ein Baumbewohner ist, welcher in der Natur in Baumspalten und Astlöchern lebt, sollten diese Bedingungen im Terrarium durch den Einbau von Korkrindenstücken nachempfunden werden. Außerdem ist eine dichtere Bepflanzung von Vorteil. Ein tägliches Sprühen ist notwendig und überhaupt ist eine ausreichende Luftfeuchtigkeit im Terrarium wichtig. Diese höhere Luftfeuchtigkeit kann dadurch erreicht werden, daß ein Teil des Terrariumbodens mit Moos belegt wird, in welchem sich die Feuchtigkeit längere Zeit gut hält.

Bei der Paarung ist diese Vogelspinne unproblematisch und in größeren Terrarien kann ein Männchen mit ein bis zwei Weibchen zusammengehalten werden. Der Kokon enthält in der Regel zwischen 80 und 120 Jungtiere, die schwarz-weiß gezeichnet sind.

Haltungsrichtlinien:

Temperatur:	Tagsüber um 28°C, nachts Absenkung bis auf etwa 22°C.
Beleuchtung:	Mit Rücksicht auf die Bepflanzung zehn bis zwölf Stunden
Bodengrund:	Feuchte und bemooste Erde
Lebensweise:	Baumbewohner, nicht sehr aktiv
Futter:	Insekten, möglicherweise auch Babymäuse
Ansprüche:	Terrarium regelmäßig sprühen, darf nicht austrocknen

Avicularia versicolor

Deutsch: Im Handel "Martinique Baum-Vogelspinne

Vorkommen: Martinique und Guadelupe

Eine sehr farbenprächtige Vogelspinne der Gattung Avicularia. Körpergröße sechs bis sieben Zentimeter. Während diese Spinne als Jungtier stahlblau ist, neigt sie mit zunehmendem Alter dazu, eine braunrosa Färbung zu bekommen, die sie sehr attraktiv macht.

Eine sehr schöne und begehrte Vogelspinne, die an den Halter nur wenig Ansprüche stellt. Durch die einfache Haltung ist sie sehr gut geeignet für den Anfänger in diesem Hobby. Die Terrariengröße sollte 25 bis 30 Zentimeter Seitenlänge und etwa 30 bis 40 Zentimeter Höhe betragen. *A. versicolor* ist ein Baumbewohner und deshalb sollte das Terrarium ausreichend Klettermöglichkeiten bieten. Darauf ist bei der Einrichtung zu achten und wenn zusätzlich eine senkrecht angeordnete Wohnröhre angeboten wird, dann wird die Vogelspinne hier sicherlich ihr Wohngespinst bauen. *A. versicolor* ist teilweise sehr aktiv, kann aber bei entsprechender Bemühung des Pflegers handzahm werden. Bei der Verpaarung ist Vorsicht angeraten, denn für längere Zeit zum Weibchen eingesetzte Männchen werden oft vom Weibchen gefressen. Es empfiehlt sich deshalb das Männchen sofort nach der Verpaarung aus dem Terrarium zu entfernen. Die weit über 100 Jungtiere, die aus einer solchen Verpaarung hervorgehen, können gut aufgezogen werden, wenn darauf geachtet wird, daß sich im Terrarium keine Stauluft und kein Schimmel bildet.

Haltungsrichtlinien:

Temperatur:	Bei Tagestemperaturen um 30°C kann während der Nachtzeit auf bis zu 22°C abgesenkt werden.
Beleuchtung:	Zehn bis zwölf Stunden
Bodengrund:	Feuchte Lauberde
Lebensweise:	Aktiv, aber dennoch friedlich, Baumbewohner
Futter:	Insekten und kleine Mäuse
Ansprüche:	Boden darf nie völlig austrocknen, deshalb regelmäßig sprühen

Bei Terrarianern ist diese attraktive Vogelspinne sehr begehrt.

ARTENTEIL

*Durch die kräftige Zeichnung auf den Beinen fällt Brachypelma auratum farblich aus dem Rahmen und wird deshalb besonders gesucht. Auch Anfänger kommen mit dieser Vogelspinne sehr gut zurecht. Sie unterscheidet sich kaum von B. smithi. Allergiker müssen aufpassen, denn sie zählt zu den Bombardierspinnen.
Foto: B. Degen*

Brachypelma auratum

Deutsch: Kein anerkannter Name, Handelsname "Goldknie-Vogelspinne"
Vorkommen: Mexiko
Diese Vogelspinne ähnelt sehr stark *Brachypelma smithi* und wurde deshalb für längere Zeit als sogenannte "Hochlandform" von *B.smithi* bezeichnet. Die orangerote Zeichnung auf den Beinen hat ihr wohl auch den Handelsnamen Goldknie-Vogelspinne eingebracht. Die Körperlänge beträgt sechs bis sieben Zentimeter. Auch sie gehört zu den Bombardierspinnen, zeigt jedoch glücklicherweise ein ruhiges Temperament und ist damit ein anspruchsloser Pflegling, welcher auch dem Anfänger empfohlen werden kann. Das Terrarium sollte eine Grundfläche von mindestens 30x30 cm aufweisen, damit diese Erdbewohnerin, welche gerne gräbt, ausreichend Platz vorfindet. Wie viele Erdbewohner, zieht auch sie sich gerne in ein Versteck zurück, welches der Pfleger in Form einer Rindenröhre anbieten kann. Da *B. auratum* gerne Wasser trinkt, ist es wichtig, daß immer Frischwasser angeboten wird. Bei einer hellen Aufstellung kann auf eine künstliche Beleuchtung des Terrariums verzichtet werden. Voraussetzung ist aber dann, daß morgens oder abends etwas Sonneneinstrahlung auf das Terrarium fällt. Selbstverständlich darf das Terrarium nie in der prallen Sonne aufgestellt werden.

Haltungsrichtlinien:

Temperatur:	Bei Tagestemperaturen um 25-27°C ist eine Nachtabsenkung um 2-4°C gut möglich.
Beleuchtung:	Tageslicht reicht aus. Nie in pralle Sonne stellen!
Bodengrund:	Leicht feuchte, lockere, sandige Erde
Lebensweise:	Bodenbewohner, grabend, ruhig, aber unterschiedliche Aktivitätsphasen
Futter:	Insekten und kleine Mäuse
Ansprüche:	Trinkt sehr viel

ARTENTEIL

Eine prachtvolle Vogelspinnenart, die nicht nur attraktiv, sondern auch gut zu pflegen ist. Dem Anfänger kann sie deshalb empfohlen werden. Sehr günstig ist auch, daß sie regelmäßig im Handel erhältlich ist.

Brachypelma emilia

Deutsch: Handelsname "Rotbein-Vogelspinne"
Vorkommen: Mexiko bis Panama

Eine sehr auffällig gezeichnete kräftige Vogelspinne, die durch ihre typische Färbung unverwechselbar ist. Der Cephalothorax ist kräftig sandfarben und weist ein großes schwarzes Dreieck auf, welches nach hinten deutet. Sehr auffällig ist die Beinfärbung, denn die abwechselnde Färbung zwischen schwarz und sandbraun ist schon sehr interessant. Für den Anfänger kann diese hübsche Vogelspinne empfohlen werden, denn sie ist oft im Handel erhältlich und zeigt ein ruhiges Wesen. Sie wird bei entsprechender Aufmerksamkeit auch zahm. Eine Terrariengröße mit einer Grundfläche von 30x30 cm ist ausreichend, wobei natürlich bei

Haltungsrichtlinien	
Temperatur:	28-30°C, nachts bis auf 20°C absinkend
Beleuchtung:	ca. 12 Stunden
Bodengrund:	sandige Erde, die stellenweise leicht feucht ist, wird bevorzugt
Lebensweise:	Bodenbewohner, meist zahm werdend
Futter:	Insekten und kleine Mäuse
Ansprüche:	Boden darf nie völlig austrocknen, jedoch nicht zu feucht halten

ARTENTEIL

bodenbewohnenden Spinnen ein solches Terrarium auch einmal etwas größer sein darf. Bei einer Körpergröße von fünf bis sieben Zentimetern ist jedoch eine Haltung in einem solchen Terrarium unproblematisch. In der Natur bewohnen diese Vogelspinnen tiefe Höhlen, im Terrarium nehmen sie jedoch gerne ein Rindenstück an, unter welchem sie sich wohnlich einrichten können.

Brachypelma smithi
Deutsch: Kein offizieller deutscher Name
Vorkommen: Mexiko

Brachypelma smithi ist wohl die am weitesten bekannte Vogelspinne unter Vogelspinnenliebhabern. Da sie ein sehr ruhiges Wesen und dazu eine sehr hübsche und attraktive Färbung besitzt, ist sie bei Vogelspinnenhaltern sehr beliebt. Diese Vogelspinne spiegelt die weitverbreitete Vorstellung von Vogelspinnen wider, da sie sehr groß und stark behaart ist. Die kräftige dunkelbraune bis schwarze Grundfärbung korrespondiert sehr schön mit der Orangefärbung der Beinpartellen. Die weißgrauen Einzelhaare, die sowohl an den Beinen als auch dem Abdomen sitzen, verstärken den farblichen Gesamteindruck dieser Vogelspinne. Als Terrariengrundgröße sollte eine Grundfläche von 30x30 Zentimetern angeboten werden. Da diese Vogelspinne

Brachypelma smithi ist die bekannteste Vogelspinne. Sie konnte wohl deshalb so bekannt werden, weil sie nicht nur sehr attraktiv gezeichnet ist, sondern auch, weil sie zu den gut zu pflegenden Vogelspinnenarten gehört.

Haltungsrichtlinien:

Temperatur:	Tagestemperaturen um 26-28°C, nachts Absenkung auf bis 20°C möglich
Beleuchtung:	10-12 Stunden
Bodengrund:	Nicht zu feuchtes Sand-Torfgemisch
Lebensweise:	Bodenbewohnende Art
Futter:	Insekten und kleine Mäuse
Ansprüche:	keinesfalls zu feucht halten

ARTENTEIL

Heute ist B. smithi durch zahlreiche Terrariennachzuchten in ihrem Bestand gesichert. Bei der Betrachtung dieses herrlichen Tieres ist es verständlich, daß diese Vogelspinnen zu den absoluten Favoriten der Vogelspinnenliebhaber zählt.

aus Gegenden mit Trockenperioden stammt, sollte das Terrarium nicht zu feucht gehalten werden. Ihre Nachzucht ist gut möglich, was ihren Bestand in den Terrarien sichern wird. Diese Vogelspinne gehört zu den im Washingtoner Artenschutzabkommen geschützten Tieren. Sie ist dort auf der Liste 2 (WA II) aufgenommen worden. Dies bedeutet, daß solche Tiere nur mit den entsprechenden Cites-Bescheinigungen gehandelt werden dürfen. Diese Cites-Bescheinigungen geben Auskunft über die Herkunft des Tieres. Bei einem Kauf sollten Sie unbedingt auf den Erhalt einer solchen Bescheinigung achten.

In der Handhabung ist *B. smithi* teilweise problemlos, aber es ist dennoch davor zu warnen, daß es Exemplare gibt, die eine entsprechende Aggression zeigen. Diese Aggression drückt sich so aus, daß sie mit dem bombadieren beginnt. In die Ecke gedrängt, kann es zu Angriffen kommen.

ARTENTEIL

Brachypelma vagans ist eine sehr friedliche Vogelspinnenart, die jedoch nach Möglichkeit in einem größeren Terrarium gepflegt werden sollte, denn dann entwickelt sie ungeahnte Aktivitäten und für den Betrachter ist dies auch von Vorteil, wenn er den Vorwärtsdrang seiner Vogelspinne beobachten kann. Mit etwas Glück kann diese Vogelspinne handzahm werden und macht dann sehr viel Freude.

Brachypelma vagans

Deutsch: kein anerkannter Name,
Händlerbezeichnung: "Schwarzrote Vogelspinne"
Vokommen: Mexiko, Guatemala, Kolumbien

Eine sehr friedliche und schnellwachsende Vogelspinne von sechs bis acht Zentimetern. Die schwarze Grundfärbung wird durch einzelne rote Haare unterbrochen. Besonders die braunrote Abdomenbehaarung ist sehr attraktiv. *B.vagans* ist eine typische Anfängerspinne, da sie sehr leicht in einem Terrarium mit einer Grundfläche von 30x30 cm zu halten ist. Sie ist eine bodenbewohnende Art und liebt einen leicht feuchten Bodengrund. Wenn Sie die Möglichkeit haben dieser Vogelspinne ein größeres Terrarium anzubieten, dann kommt das ihrem Bewegungsdrang besser nach. Als Versteckplatz wird gerne eine Höhle aus Korkrindenstücken ange-

Haltungsrichtlinien:

Temperatur:	26-30°C, Nachtabsenkung bis 20°C
Beleuchtung:	mindestens zehn Stunden täglich beleuchten
Bodengrund:	leicht feuchte Erde, die mit Moosstücken aufgelockert werden kann.
Lebensweise:	sehr individuell, teils sehr lebhaft, bodenbewohnend
Futter:	Insekten und kleine Mäuse
Ansprüche:	Anfängerspinne da in der Haltung sehr anspruchslos. Boden darf nie völlig austrocknen

nommen.

Diese bewegungsfreudige Spinne besitzt ein sehr unterschiedliches Temperament und so werden viele Exemplare zwar handzahm, andere dagegen können sogar bissig werden und bombadieren.

Citharacanthus spinicrus
Deutsch: Kein deutscher Name
Vorkommen: Cuba und Haiti

C. spinicrus ist eine bodenbewohnende Vogelspinne mit einer Körperlänge bis zu sieben Zentimetern. Die Hauptfärbung ist mattschwarz mit einem leicht olivgoldenen Flaum. Obwohl es sich hier um einen Bodenbewohner handelt, benötigt diese Vogelspinne auch Klettermöglichkeiten, denn sie ist sehr beweglich und aktiv. Dieser Bewegungsdrang muß auch durch ein entsprechend großes Terrarium gewürdigt werden. Eine Mindestgrundfläche von 30x40 Zentimern ist anzuraten. Vorgefertigte Versteckplätze werden gerne angenommen. Eine senkrechte Korkrückwand wird oft als Ruheplatz benutzt, zumal dann, wenn sich darüber eine Beleuchtung befindet. Alttiere können in einem Terrarium mit einer sandigen Erde, die fast trocken ist, gut gehalten werden. Jungtiere benötigen ein etwas feuchteres Terrarium. Zur Auflockerung der Erde kann trockenes Laub untergemischt werden.

Haltungsrichtlinien:	
Temperatur:	Tagestemperaturen 28-30°C, nachts Absenkung bis 20°C
Beleuchtung:	10-12 Stunden täglich
Bodengrund:	Sandige Erde mit Laub, nur mäßig feucht
Lebensweise:	Sehr aktiver Bodenbewohner der sowohl tag- als auch nachtaktiv ist. Alttiere bombadieren sehr stark und neigen auch zur Bissigkeit.
Futter.	Insekten und Mäuse
Ansprüche:	Terrarium relativ trocken halten. Sehr langsam wachsende Art.

Citharacanthus-Arten werden immer wieder im Fachhandel angeboten. Als Bodenbewohner benötigen sie ein entsprechend eingerichtetes Terrarium mit genügend Bodensubstrat.

ARTENTEIL

Dugesiella crinita

Deutsch: Kein deutscher Name
Vorkommen: Mexiko

D. crinita lebt in Trockengebieten mit teilweise sehr hohem Grasbestand. Ihre Körperlänge beträgt bis zu sieben Zentimetern. Die Körperfarbe ist schwarz mit orangeroter Langbehaarung. Es handelt sich um eine sehr aktive und bewegungsfreudige Vogelspinne, die ein größeres Terrarium benötigt. Die Grundfläche sollte mindestens 30x40 cm betragen. *D. crinata* baut sich gerne ein großes Bodennetz, welches am Eingang zur Wohnhöhle angelegt wird. Obwohl ein Bodenbewohner, klettert sie doch sehr gerne und wenn die Rückwand mit Korkrinde und feinen Ästen ausgestattet wird, benutzt sie diese für ihre Kletterpartien. Da sie gerne eine nach schräg unten verlaufende Wohnhöhle baut, muß ein Teil des Terrariums mit einer stärkeren Bodenfüllung versehen werden. Hier sind Bodenhöhen von mindestens 10 besser 15 Zentimeter anzubieten.

Die aktive Spinne ist lebhaft und sogar sehr aggressiv und deshalb dem erfahreneren Vogelspinnenhalter als Pflegling vorbehalten.

Haltungsrichtlinien:	
Temperatur:	Tagestemperaturen zwischen 24 und 28°, Nachtabsenkung auf 20° möglich.
Beleuchtung.	Für hell stehende Terrarien kein Kunstlicht nötig, sonst 10 Stunden beleuchten.
Bodengrund:	Vornehmlich trockenes Sand-Erdgemisch, welches nur in einem Teil des Terrariums befeuchtet werden sollte.
Lebensweise:	Aktiv und teilweise sehr aggressiv, Bodenbewohner der gerne klettert.
Futter:	Insekten und kleine Nager
Ansprüche:	Keinesfalls zu feucht halten und nur gelegentlich sprühen, ausreichend Erde für eine Wohnhöhle anbieten.

Als Bodenbewohnerin benötigt Dugesiella crinita ein Terrarium mit ausreichend Bodengrund, in welchen sie eine Wohnröhre baut. Zur Unterstützung kann eine Kunststoffröhre im Bodengrund angeboten werden, die meist als Wohnhöhle angenommen wird.

Diese Vogelspinnenart ist im Handel weniger bekannt, aber gerade darin liegt vielleicht ihr Reiz. Terrarianer mit entsprechender Erfahrung in der Vogelspinnenhaltung könnten hier sicherlich noch manchen Beitrag zur Lebensweise dieser Art beisteuern.

Ephebopus murinus

Deutsch: Kein deutscher Name
Vorkommen: Brasilien, Franz. Guyana

Die Zuordnung dieser Vogelspinne ist teils umstritten und auch von ihrer Lebensweise ist noch nicht allzuviel bekannt geworden. Da sie ein Urwaldbewohner ist, ist noch nicht definitiv geklärt ob es sich um einen typischen Boden- oder Baumbewohner handelt. Im Terrarium paßt sie sich den Gegebenheiten an, indem sie entweder Wohnhöhlen in den Boden baut, oder Rindenröhren als Behausung akzeptiert.

Immer wieder wurde diese Vogelspinnenart in eine andere Unterfamilie eingeordnet. Im Moment befindet sie sich in der Unterfamilie der *Aviculariinae* und gehört somit zu den baumbewohnenden Arten.

Diese Vogelspinnenart ist sehr schnell und hat einen hohen Bewegungsdrang. In ihrem Verhalten ist sie sehr aggressiv. Bei der Haltung dieser Vogelspinnenart muß der Pfleger sehr auf die Lebensgewohnheiten dieser Tiere eingehen und ihnen sowohl die Möglichkeit bieten Bodenhöhlen zu bauen als auch mehrere senkrecht stehende Rindenröhren anzubieten. Als Urwaldbewohner benötigt sie ein Terrarium mit entsprechender Luftfeuchtigkeit und deshalb ist der Bodengrund regelmäßig feucht zu halten und das Gespinnst regelmäßig zu besprühen. *E. murinus* ist eine Vogelspinnenart die nicht regelmäßig angeboten wird und deshalb in den Terrarien auch nicht so häufig anzutreffen ist.

Haltungsrichtlinien:

Temperatur:	Tagestemperaturen bis 30°C, nachts um 22°C
Beleuchtung:	Terrarium entweder sehr hell, aber nicht sonnig aufstellen, oder 10-12 Stunden beleuchten.
Bodengrund:	Feuchte Erde, teils mit Moos bedeckt
Lebensweise:	Mehr nachtaktiv, sehr unterschiedliches Verhalten
Futter:	Insekten und kleine Mäuse
Ansprüche:	Als Urwaldbewohner liebt sie eine höhere Luftfeuchtigkeit, deshalb Terrarium regelmäßig sprühen.

ARTENTEIL

Grammostola argentinensis

Deutsch: Kein deutscher Name, Händlername oft "Argentinische Busch-Vogelspinne".

Vorkommen: Nördliches Argentinien

G.argentinensis ist ein höhlenbauender Bodenbewohner, der in den kühleren Hochlagen Argentiniens lebt. Diese Vogelspinnenart erreicht eine Länge von etwa sieben Zentimetern. Auffallend ist die starke Langbehaarung auf den Unterseiten der Femuren und der große goldfarbene Abdominalfleck. Die Grundfärbung ist dunkelbraun bis graubraun. Durch ihr Vorkommen in den kühleren Hochlagen Argentiniens ist es möglich diese Vogelspinnenart ohne zusätzliche Beheizung in einem Terrarium mit einer Grundfläche von etwa 30x30cm zu pflegen. Bei ausreichender natürlicher Beleuchtung kann auch auf eine künstliche Lichtquelle verzichtet werden. Eine direkte Sonneneinstrahlung ist zu vermeiden. Diese Vogelspinne baut sich gerne in die leicht feuchte Erde eine größere Wohnhöhle. Aus diesem Grund ist eine Bodengrundhöhe von mindestens zehn Zentimetern anzubieten. Da die Höhle oft in der trockenen Ecke des Terrariums gebaut wird, sollte nicht immer das ganze Terrarium gesprüht werden.

Sofort fällt die starke Langbehaarung dieser Vogelspinnenart auf. Grammostola agentinensis ist relativ oft im Fachhandel erhältlich.

Haltungsrichtlinien:

Temperatur:	Zimmertemperaturen um 20°C sind ausreichend
Beleuchtung:	Tageslicht
Bodengrund:	Teils leicht angefeuchtete Erde mit Laub und Rindenstückchen
Lebensweise:	Bodenbewohner, der mehr dämmerungs- und nachtaktiv ist. Ruhige Spinnenart mit wenig Aktivität.
Futter:	Insekten und kleine Mäuse
Ansprüche:	Ideales Tier für Anfänger, denn sie wird meist handzahm.

ARTENTEIL

Grammostola spatulata

Deutsch: Händlerbezeichnung "Chile-Vogelspinne"
Vorkommen: Argentinien, Bolivien und Chile

G. spatulata erreicht eine Körpergröße von fünf bis sechs Zentimetern und zeigt eine rotbraune Grundfärbung mit einem rosafarbenen metallischen Schimmer. Es handelt sich um eine friedliche, gut haltbare Art, die keine besonderen Ansprüche stellt. Das Terrarium, welches nicht zu feucht gehalten werden sollte, hat als Mindestgrundfläche 25x30 cm aufzuweisen. Da es sich um eine bodenbewohnende Art handelt, die gerne tiefe Wohnhöhlen gräbt, ist ein entsprechend hoher Bodengrund von mindestens zehn Zentimeter Höhe einzubringen. Da es sich um eine preisgünstige und sehr oft angebotene Vogelspinne handelt, ist sie in vielen Terrarien vorzufinden. Die leichte Haltung wird noch dadurch begünstigt, daß keine besonderen Temperaturansprüche gestellt werden. So ist eine Zimmertemperatur von 20-22°C völlig ausreichend. In der Regel ist *G. spatulata* eine ruhige Vogelspinne, die eher scheu davonläuft, bevor sie aggressiv wird. Die Lebenserwartung der erwachsenen Weibchen beträgt bis zu zwölf Jahre und die Männchen erreichen bereits nach zwei Jahren ihre Geschlechtsreife.

Haltungsrichtlinien:

Temperatur:	Zimmertemperatur ausreichend, nachts natürliche Absenkung
Beleuchtung:	Tageslicht ist ausreichend, keine Sonneneinstrahlung
Bodengrund:	Leicht feuchtes, etwas lehmiges Sandgemisch in entsprechender Höhe.
Lebensweise:	Ruhiger Bodenbewohner, sowohl tag- als auch nachtaktiv.
Futter:	Alle Arten von Insekten
Ansprüche:	Sehr anspruchslos, kann handzahm werden

Grammostola spatulata ist ebenfalls eine bodenbewohnende Art, die tiefe Wohnhöhlen gräbt und deshalb sollten Sie es auch versuchen, ihr eine Kunststoffwohnröhre anzubieten. Natürlich muß der Bodengrund mindestens 10, besser aber 15 cm hoch sein. Im Handel regelmäßig erhältlich.

ARTENTEIL

Hapalopus eincei

Deutsch: Händlername "Trinidad Zwergvogelspinne" und "Tiger-Zwergvogelspinne"

Vorkommen: Trinidad

Bodenbewohner der im Terrarium sehr gerne tiefe Wohnröhren anlegt. Aus diesem Grund ein etwas höheres Bodensubstrat einbringen. Die Körperlänge beträgt fünf bis sechs Zentimeter. Die braunschwarze Grundfärbung wird durch goldene Streifen auf dem Carapax interessant aufgelockert. Besonders die Beine zeigen einen goldbraunen Schimmer, der teilweise auch rötlich überdeckt ist. Da es sich um eine relativ kleine Art handelt, könnte ein kleineres Terrarium mit einer Bodenfläche von 25x30cm völlig ausreichend sein, jedoch ist auch zu berücksichtigen, daß es sich um eine aggressive und sehr schnelle sowie lebhafte Vogelspinne handelt. Wenn eine Klettermöglichkeit in Form von schräg gestellten Ästen angeboten wird, dann ist diese Vogelspinnenart auch am Tag zu sehen, denn sie klettert dann im Terrarium umher. Ihre Verstecke baut sie sich am liebsten selbst, doch nimmt sie auch künstliche Versteckplätze gerne an.

Haltungsrichtlinien:

Temperatur:	Tagestemperaturen um 26-28°C, nachts Absenkung bis 20°C.
Beleuchtung:	Ca. 10-12 Stunden
Bodengrund:	Hohes Bodensubstrat von mindestens 10-12cm, aus leicht sandiger Erde mit Laub und Rindenstücken.
Lebensweise:	Bodenbewohner mit unterschiedlicher Aktivitätsphase, teils tag- und nachtaktiv, aggressiv und schnell.
Futter:	Insekten aller Art
Ansprüche:	Regelmäßig leicht sprühen, aber nicht zu feucht halten, baut lange Wohnröhren in den Boden.

Mit nur 5-6 cm Körperlänge zählt diese Vogelspinne zu den Zwergen und kann deshalb in einem kleineren Terrarium gehalten werden. Beachten Sie jedoch, daß sie sehr lebhaft und schnell ist und jede Möglichkeit zur Flucht benutzen wird.

ARTENTEIL

Wie der Beiname "hercules" schon ausdrückt, handelt es sich um eine große Vogelspinnenart, die noch dazu sehr aggressiv ist. Sicherlich eine Vogelspinne für den Spezialisten, der ihr die entsprechenden Voraussetzungen für eine erfolgreiche Pflege bieten kann. Die Nachzucht sollte intensiv betrieben werden, denn je mehr solche Vogelspinnen nachgezüchtet werden, umso weniger müssen der Natur entnommen werden.

Hysterocrates hercules

Deutsch: Händlername "Afrikanische Riesenvogelspinne"

Vorkommen: Kamerun, Niger, Benim, Ghana

Eine der großen afrikanischen Vogelspinnen mit einer Körpergröße von acht Zentimetern. Diese Vogelspinnenart ist einheitlich dunkelbraun bis schwarz gefärbt. Es handelt sich um eine Bodenbewohnerin, die tiefe Höhlen anlegt und deshalb im Terrarium einen Bodengrund von mindestens 15 Zentimetern fordert. In Anbetracht ihrer Körpergröße ist es auch erforderlich ein Terrarium mit einer Mindestgrundfläche von 30x30cm anzubieten. Diese Art wird vereinzelt nachgezogen und im Handel sind des öfteren Nachzuchten erhältlich. Es handelt sich um eine aggressive Vogelspinne, die wegen ihrer Aggressivität nicht mit der Hand angefaßt werden sollte. Durch ihre lange Behaarung und ihr Aussehen, ist sie eine sehr imposante Vertreterin der Vogelspinnen und beeindruckt jeden Betrachter.

Haltungsrichtlinien:

Temperatur:	Tagestemperatur 26-30°C, Nachtabsenkung bis 20°
Beleuchtung:	10-12 Stunden täglich
Bodengrund:	Mindestens 15 cm Bodenhöhe, leicht feucht. Es kann etwas Sand untergemischt werden.
Lebensweise:	Aggressiver Bodenbewohner
Futter:	Insekten und kleine Mäuse
Ansprüche:	Boden darf nie völlig austrocknen, deshalb regelmäßig sprühen

ARTENTEIL

Lasiodora parahybana

Deutsch: Parahyba-Vogelspinne, Händlerbezeichnung "Brasilien-Riesenvogelspinne"
Vorkommen: Brasilien (Staat Parahyba)
Große Vogelspinnenart Südamerikas mit einer Körperlänge von acht bis zehn Zentimetern. Die Grundfärbung ist samtschwarz mit hellen rosa- beigefarbenen Haaren. In Anbetracht ihrer Körpergröße ist das Terrarium nicht zu klein zu wählen und eine Mindestgröße von 30x40 cm ist anzubieten. Da es sich jedoch um eine aktive Vogelspinne handelt, sollte nach Möglichkeit das Terrarium größer gewählt werden. An die Haltung stellt *L.parahybana* keine großen Ansprüche und sie läßt sich auch sehr gut verpaaren und bringt dann über 1000 Jungtiere.
Es handelt sich um eine aggressive Vogelspinne, die möglichst nicht mit der Hand angefaßt werden soll. Desweiteren ist sie eine starke Bombadiererin und Leute die allergisch auf Spinnenhaare reagieren, sollten von einer Haltung absehen. Als Wohnhöhle wird gerne ein umgedrehter Blumentopf oder ein größerer Unterstand aus Korkrinde akzeptiert. Die Tiere mögen es nicht, wenn sie direkt angesprüht werden, aber ihr Terrarium sollte doch regelmäßig leicht gesprüht werden, da dies der natürlichen Haltung entspricht.

Haltungsrichtlinien:	
Temperatur:	28-22°C, Nachtabsenkung bis auf 22°C
Beleuchtung:	10-12 Stunden täglich
Bodengrund:	Leicht feuchte Erde mit grobem Sand oder Kies
Lebensweise:	Verschieden aktiver Bodenbewohner
Futter:	Insekten und kleine Mäuse, bevorzugt große Heuschrecken
Ansprüche:	Benötigt viel freien Platz im Terrarium, deshalb kein zu kleines Terrarium anbieten.

Die intensive schwarze Färbung dieser brasilianischen Riesen-Vogelspinne ist beeindruckend. Wenngleich sie auch keine allzu komplizierten Haltungsansprüche stellt, so ist durch die Größe doch ein entsprechend geräumiges Terrarium anzubieten.

ARTENTEIL

Diese attraktive Vogelspinne benötigt ein Terrarium mit einer schönen Pflanze, denn dann kommt ihre herrliche Färbung in Kombination mit dem Grün der Pflanze noch viel besser zur Geltung.

Megaphobema robusta

Deutsch: Kein anerkannter Name
Vorkommen: Brasilien und Kolumbien

Hier handelt es sich um eine sehr attraktive Vogelspinne mit tiefschwarzem Carapax, die rostroten Beinglieder und das rotorange Langhaar des Abdomens bilden einen kräftigen Kontrast. Durch die Körperlänge, die bis zu neun Zentimetern betragen kann und die interessante Färbung, ist diese Vogelspinnenart ein herrliches Schautier für ein größeres Terrarium. Wegen ihrer Attraktivität, ihrer Aktivität und der Tatsache, daß sie ein schönes Einzelstück ist, ist sie unter Liebhabern sehr gesucht. Der Boden des Terrariums sollte mit einer mindestens zehn bis fünfzehn Zentimeter hohen Bodenschicht gefüllt werden. Die sandige und leicht lehmige Erde wird dazu benutzt eine Bodenröhre zu bauen. Es werden aber auch sehr gerne vorgefertigte Verstecke nach dem Einsetzen bezogen. Diese Art ist bodenbewohnend, teilweise etwas nervös und bombadiert bei Gefahr sehr stark. Wegen ihrer Herkunft liebt sie warme und feuchte Terrarien. Es ist deshalb nötig, das Terrarium regelmäßig zu besprühen. *M. robusta* ist sicherlich eine der schönsten Vogelspinnen die man momentan erwerben kann. Ihre Attraktivität kann durch eine entsprechende Einrichtung mit einer Solitärpflanze noch verstärkt werden. Der Kontrast der kräftig grünen Einzelpflanze mit der tiefschwarzen Grundfärbung der Vogelspinne ist ein interessantes Farbenspiel.

Haltungsrichtlinien:

Temperatur:	Tagestemperaturen um 27°C, nachts bis um 20°C
Beleuchtung:	10-12 Stunden täglich
Bodengrund:	Leicht feuchte Bodenschicht mit 10-15 cm Dicke
Lebensweise:	Bodenbewohnend, unterschiedlich aktiv, bei Gefahr bombadierend
Futter:	Insekten und kleine Mäuse
Ansprüche:	Terrarium feucht halten und regelmäßig sprühen

ARTENTEIL

Pamphobeteus ferox

Deutsch: Kein anerkannter Name
Vorkommen: Kolumbien

Diese schwarzbraune Vogelspinne erreicht eine Körperlänge von acht bis neun Zentimetern. Die bräunliche Langbehaarung ist etwas heller und sticht deutlich von der Körperbehaarung ab. Die Beine sind bräunlich bis schwarz, wobei die Patellen tiefschwarz gefärbt sind. Wegen ihrer Größe benötigt diese Vogelspinne ein Terrarium mit einer Grundfläche von mindestens 35x35 cm. Eine künstliche Beleuchtung ist nicht nötig, wenn ein heller Platz mit Tageslicht zur Verfügung gestellt werden kann. Eine direkte Sonneneinstrahlung ist wie immer zu vermeiden.

Diese Vogelspinne gräbt sehr stark und baut regelrechte Höhlen in den Boden, weshalb die Bodenfüllung auch mindestens 20 cm hoch sein darf. Günstig ist es, wenn in das Bodensubstrat eine künstliche Röhre eingelegt wird, die dann gerne von der Spinne als Wohnröhre angenommen wird. Findet sie keine solche künstliche Röhre vor, gräbt sie sehr stark und verändert die gesamte Einrichtung des Terrariums. Ein Tag-Nachtrhythmus in Bezug auf die Temperaturunterschiede sollte eingehalten werden. Während tagsüber Temperaturen von 22- max. 25°C als günstig angesehen werden können, ist nachts eine Absenkung auf 15° und darunter anzustreben. Diese Temperaturunterschiede sind wichtig für das Wohlbefinden von *P. ferox*. Teilweise wird diese Spinne etwas bissig und beginnt dann bei Störungen auch zu bombardieren.

Haltungsrichtlinien:

Temperatur:	Tagsüber bis max. 25°C, nachts bis 15°C
Beleuchtung:	Tageslicht ist ausreichend
Bodengrund:	Lockere sandige Erde mit Steinen und einer künstlichen Röhre
Lebensweise:	Bodenbewohnend, nachtaktiv, höhlenbauend
Futter:	Insekten und kleine Mäuse
Ansprüche:	Saisonal herabgesetzte Temperaturen

Wegen der starken Grabaktivitäten muß immer ein entsprechend hoher Bodengrund angeboten werden, denn nur dann fühlt sich diese Vogelspinne auch im Terrarium wohl.

Pamphobeteus ornatus
Deutsch: Kein anerkannter Name, Händlerbezeichnung "Kolumbianische Riesenvogelspinne"
Vorkommen: Kolumbien

Der Name Riesenvogelspinne resultiert daraus, daß sie eine Körperlänge von über zehn Zentimetern erreicht. Farblich ist diese Vogelspinne nicht so interessant, denn sie zeigt hauptsächlich olivbraune Färbungen. Da diese Vogelspinnenart sehr träge ist, muß das Terrarium im Verhältnis zu ihrer Körpergröße nicht zu groß sein. Eine Grundfläche von 30x40 cm ist völlig ausreichend. Diesem Temperament entsprechend baut sie im Terrarium auch keine eigene Höhle, sondern benutzt lieber eine angebotene Ersatzbehausung, die aus einer künstlichen Röhre oder Halbschalen aus Korkrindenstücken bestehen können. Eine Eigenheit scheint das große Trinkbedürfnis zu sein und deshalb ist immer eine frisch gefüllte Wasserschale im Terrarium angebracht.

Haltungsrichtlinien:	
Temperatur:	24-26°C, nachts bis auf 16°C absinkend
Beleuchtung:	Tageslicht ist ausreichend, Sonneneinstrahlung meiden
Bodengrund:	10-15 cm feuchte Erde mit künstlicher Wohnröhre
Lebensweise:	Bodenbewohnend, verschieden aktiv, jedoch ruhig
Futter:	Insekten und kleine Mäuse
Ansprüche:	Während der Wachstumsphase viel Futter, liebt große und dunkle Versteckplätze

Zwar beißt diese Art in der Regel nicht, dafür ist sie aber eine starke Bombardiererin und hinzu kommt, daß ihre Brennhaare einen kräftigen Juckreiz erzeugen und deshalb ist Vorsicht angebracht.

Diese Riesen-Vogelspinne ist farblich nicht sehr attraktiv und wird deshalb von vielen Terrarianern kaum beachtet. Ihre Pflege ist sehr einfach, denn sie ist in ihrem Verhalten sehr träge. Allergiker müssen beachten, daß es sich hier um eine aktive Bombardierspinne handelt.

ARTENTEIL

Phormictopus canserides

Deutsch: Kein anerkannter Name, Händlerbezeichnung "Haiti-Vogelspinne"

Vorkommen: Westindische Inseln, Cuba und Brasilien. Die etwas größer werdenden Weibchen erreichen eine Körperlänge von bis zu acht Zentimetern. Die etwas kleiner bleibenden Männchen haben dafür eine größere Beinspannweite. Die schwarzbraune Grundfärbung ist über den ganzen Körper verteilt und korrespondiert schön mit den rötlichen Langhaaren. Sie gehört zu den Bombardierspinnen und bombardiert manchmal sehr stark, was zu Reizungen führen kann. Teils ist sie auch bissig und deshalb ist bei der Handhabung Vorsicht angeraten. Dennoch kann sie Anfängern empfohlen werden, da sie sehr leicht zu pflegen ist und keine außergewöhnlichen Ansprüche stellt. Als Grundfläche des Terrariums reichen 35x35 cm aus. Eine hohle Wurzel oder ein Korkrindenstück wird gerne als Behausung angenommen. Falls eine Paarung erwünscht ist, muß in Abständen von etwa zwei Monaten eine Temperaturabsenkung vorgenommen werden, um die Tiere für die Paarung zu stimulieren.

Haltungsrichtlinien:	
Temperatur:	Tagestemperatur 26-28°C, nachts Absenkung um 20°C
Beleuchtung.	10-12 Stunden täglich
Bodengrund:	Leicht feuchte, sandige Erde
Lebensweise:	Bodenbewohnend, tag- und nachtaktiv, teils sehr bissig und stark bombardierend
Futter:	Insekten und kleine Mäuse
Ansprüche:	Ab und zu Temperaturabsenkung nötig, Terrarium nicht zu trocken halten
Vorsicht: Ihr Gift ist etwas stärker als das anderer Vogelspinnenarten!	

Nicht unkompliziert ist die Haltung dieser sogenannten Haiti-Vogelspinne, die nicht nur stark bombardiert sondern auch gerne beißt, deshalb ist entsprechende Vorsicht angeboten.

ARTENTEIL

Obwohl nicht sonderlich groß, wird diese Vogelspinne doch als Riesen-Vogelspinne bezeichnet. Da sie sehr gut haltbar und auch friedlich ist, kann sie dem Anfänger in der Vogelspinnenpflege durchaus empfohlen werden.

Phormictopus cubensis

Deutsch: Händlername "Cuba Riesenvogelspinne" Äußerlich ist diese Art nahezu identisch mit *Citharacanthus spinicrus*, jedoch bleibt sie etwas kleiner. Wie *Phormictopus canserides* ist auch sie sehr einfach zu halten. Diese Vogelspinne ist jedoch weniger aggressiv und deshalb auch dem Anfänger zu empfehlen. Die Körperlänge beträgt fünf bis sechs Zentimeter. Die Grundfärbung ist schwarzbraun und die Behaarung zeigt einen goldfarbenen Schimmer. Als Behausung ist ein Terrarium mit einer Grundfläche von 30x30 cm ausreichend. Auch sie ist eine Bodenbewohnerin, die tag- und nachtaktiv ist.

Haltungsrichtlinien:

Temperatur:	Tagestemperaturen um 25-27°C, nachts Absenkung auf 20°C.
Beleuchtung:	10-12 Stunden täglich
Bodengrund:	Leicht feuchte, aber sandige Erde
Lebensweise:	Bodenbewohnend, teilweise sehr lebhaft und auch bombardierend
Futter:	Insekten und kleine Mäuse
Ansprüche:	Auch hier hat sich eine leichte Temperaturabsenkung zur Stimulation für die Paarung bewährt

ARTENTEIL

Poecilotheria ornata

Deutsch: Kein deutscher Name, Händlername "Ornament-Baumvogelspinne"

Vorkommen: Sri Lanka

Eine sehr schöne baumbewohnende Art mit einer Ornamentzeichnung, die eine Körperlänge von sieben bis acht Zentimetern erreicht. Als diese Art erstmals vor wenigen Jahren angeboten wurde, erzielte sie sehr hohe Preise, denn ihr schönes Aussehen macht sie zu einer Ausnahmespinne. Auf der Oberseite variieren die Farben von hellgrau bis schwarz und sind ornamentartig gezeichnet. Die Unterseite der Taster und die Vorderbeine sind leuchtendgelb gezeichnet. Ein Terrarium für diese Art sollte eine Mindestgrundfläche von 30x30 cm und eine Höhe von 40 Zentimetern besitzen. Da es sich um eine baumbewohnende Art handelt, ist jedoch ein höheres Terrarium schöner zu gestalten und entspricht auch mehr dem Charakter dieser Vogelspinne. Da sie in der Natur in Baumhöhlen lebt nimmt sie auch gerne höhlenähnliche Gebilde oder kleine Vogelhäuschen als Wohnbehausung an.

Durch ihr Vorkommen in den Bergregionen Sri Lankas ist es nicht nötig, diese Vogelspinne zu warm zu halten, denn dort sind die Temperaturen teilweise nicht tropisch. Bei der Paarung sind die Weibchen gegenüber den Männchen nicht aggressiv, wenn sie vorher gut gefüttert wurden. Die Nachzucht ist nicht ganz einfach und es können ca. 100-150 Jungtiere erwartet werden. *P. ornata* ist eine aggressive Vogelspinnenart und mit etwas Vorsicht zu handhaben.

Haltungsrichtlinien:

Temperatur:	Tagestemperaturen 22-24°C, nachts abfallend auf 18-20°C
Beleuchtung:	10-12 Stunden täglich
Bodengrund:	leicht feuchte Erde mit Moosteil, wo die Feuchtigkeit gut gehalten wird
Lebensweise:	Baumbewohnend, teils sehr aktiv und bissig
Futter:	Insekten und kleine Mäuse
Ansprüche:	Boden darf nie völlig austrocknen, bevorzugt Verstecke in Baumhöhlen

Eine sehr attraktive Baumbewohnerin ist Poecilotheria ornata. Hier ein adultes Weibchen.

ARTENTEIL

Poecilotheria regalis

Deutsch: Kein anerkannter Name, Händlername "Tiger-Vogelspinne"

Vorkommen: Südwestlicher Teil Indiens

Mit einer Körperlänge von sieben bis acht Zentimetern erreicht diese prächtige Vogelspinne eine beachtliche Größe. Sie zählt zu den schönsten Vogelspinnen überhaupt. Den Händlernamen erhielt diese Spinne durch die Streifenpaare, die an die Zeichnung eines Tigers erinnern. Auch auf der Unterseite ist die Zeichnung sehr attraktiv, wobei die zitronengelben Vorderbeine besonders auffällig sind. In größeren Terrarien können mehrere Tiere zusammengehalten werden, wenn gewährleistet ist, daß sie alle gleich gut gefüttert werden. Die Größe des Terrariums richtet sich dann nach der Anzahl der Tiere, die in ihm gepflegt werden. Da es sich um eine baumbewohnende Art handelt, ist es günstig, wenn das Terrarium entsprechend hoch ist. Dann besteht die Möglichkeit mit Ästen, Sträuchern und Korkrindenstücken genügend Kletterraum anzubieten. Durch ihre Herkunft bedingt, lieben sie eine höhere Luftfeuchtigkeit und deshalb müssen die Terrarien regelmäßig besprüht werden. Eine teilweise Bedeckung des Bodens mit Moosen bewirkt eine bessere Feuchthaltung des Terrariums. Eingestuft wird diese Vogelspinnenart als aggressiv, jedoch ist bei vorsichtiger Handhabung ein Anfassen möglich. In der Regel beißen sie nicht.

Haltungsrichtlinien:	
Temperaturen:	Tagsüber bis 30°C, nachts absenkend auf 22°C
Beleuchtung.	10-12 Stunden täglich
Bodengrund:	Feuchte Erde, die mit Moos abgedeckt wird
Lebensweise:	Baumbewohnend, bevorzugt Astlöcher oder Baumhöhlen
Futter:	Insekten
Ansprüche:	Terrarium regelmäßig sprühen

Ebenfalls sehr auffällig gefärbt ist die sogenannte „Tiger-Vogelspinne" aus Indien, die eine beachtliche Größe erreicht und teilweise sehr aggressiv sein kann.

ARTENTEIL

ARTENTEIL

Auffallend gemustert ist diese herrliche Vogelspinne, die sich gut im Terrarium pflegen läßt.

Poecilotheria subfusca

Deutsch: Kein anerkannter Name
Vorkommen: Bergregion Sri Lankas

Der Cephalothorax trägt ein auffallendes und feines Strahlenmuster auf beigen Grund. In der Haltung stellt *P. subfusca* ähnliche Ansprüche wie *P. regalis*. Auch sie läßt sich gut nachzüchten und bei guter Futterversorgung mit mehreren Exemplaren in einem entsprechend großem Terrarium halten. Auch in der Natur bilden sie Kolonien. Da sie in der Natur in Bergregionen vorkommen, wo sogar Schneefall möglich ist, wirkt sich dies auch auf die Terrarienhaltung aus. Die Tagestemperaturen können zwischen 20 und 24°C liegen. Nachts ist eine Temperaturabsenkung bis auf 16°C möglich. Dieser deutliche Temperaturrückgang während der Nachtzeit ist wichtig für diese Vogelspinnen. Um sie nachzuzüchten ist es auch günstig, alle zwei bis drei Monate eine Herabsetzung der allgemeinen Terrarientemperatur vorzunehmen. Durch diese Temperaturunterschiede werden sie zur Paarbildung angeregt.

Haltungsrichtlinien:

Temperatur:	Tagestemperatur um 22-24°C, zeitweise auch darunter, Nachttemperatur absinkend bis auf 16°C
Beleuchtung:	Tageslicht ist ausreichend bei entsprechendem Standort des Terrariums
Bodengrund:	Feuchte, moosige Erde mit zahlreichen Moospolstern die die Luftfeuchtigkeit speichern
Lebensweise:	Baumbewohner, normalerweise nachtaktiv
Futter:	Insekten
Ansprüche:	Regelmäßig sprühen, Boden darf nicht austrocknen

ARTENTEIL

Immer wieder tauchen im Handel neue und attraktive Vogelspinnen auf, die das Interesse an diesen Tieren wieder anfachen. Bei der Betrachtung dieser prächtigen Vogelspinnen ist zu verstehen, daß es soviele Liebhaber für dieses interessante Hobby gibt. **oben:** *Poecilotheria subfusca*
unten: *Psalmopoeus irminia.*

Psalmopoeus irminia

Deutsch: Kein anerkannter Name, Händlername "Venezuela Ornament-Vogelspinne"

Vorkommen: Orinoco-Gebiete Venezuelas

Eine für den Handel neuere Psalmopoeus-Art, die sicherlich die schönste der angebotenen Arten ist. Sie lebt im Regenwald Venezuelas und ist dort baumbewohnend. Mit einer Körpergröße von fünf bis sechs Zentimetern reicht ein Terrarium mit einer Grundfläche von 35x35 cm aus. Der Cephalothorax ist schwarz gezeichnet und besitzt eine hellere Umrandung. Bei erwachsenen Weibchen treten rostorange Farbkombinationen auf und die ausgewachsenen Männchen zeigen goldbraune Töne. Die relativ kleinbleibenden Baumbewohner nehmen dankbar ein hohes Kletterterrarium an, wo sie sich sehr schnell bewegen. Leider sind sie nachtaktiv und deshalb nur selten zu sehen. Während Jungtiere in der Regel ruhig und zahm sind, sind ältere Tiere und da besonders die Weibchen sehr bissig. Sie unternehmen auch blitzartige Sprünge und überwinden dabei große Entfernungen und Höhen. Entsprechend ihrem natürlichen Vorkommen ist das Terrarium durch regelmäßiges Sprühen immer feucht zu halten.

Haltungsrichtlinien:

Temperatur:	Tagestemperaturen 27-30°C, nachts Absenkung auf 20-22°C
Beleuchtung:	10-12 Stunden täglich
Bodengrund:	Feuchte Walderde mit teilweiser Moosabdeckung
Lebensweise:	Baumbewohner, nachtaktiv, sehr schnell, teilweise bissig
Futter:	Insekten
Ansprüche:	hohes Kletterterrarium mit Rindenröhren oder hohlem Baumstamm erwünscht, regelmäßig sprühen

ARTENTEIL

Pseudotheraphosa apophysis

Deutsch: Kein anerkannter Name, Händlerbezeichnung "Goliath-Vogelspinne"

Vorkommen: Venezuela, Tiefland Roraimas

Wie der Händlername schon ausdrückt, handelt es sich hier um eine große Vogelspinnenart. Die Körperlänge beträgt zehn bis zwölf Zentimeter. Im Staat Roraima in Venezuela bewohnt diese Art die Tiefland-Urwälder. Dort ist sie ein Bodenbewohner. Ihre gesamte Färbung erscheint einheitlich dunkelbraun und nur nach der Häutung besitzt sie einen olivfarbenen Schimmer. Die spärliche Langbehaarung zeigt eine leicht rötlichbraune Färbung. Äußerlich ähnelt sie *Theraphosa leblondi* sehr stark und teilweise wird sie fälschlicherweise als solche verkauft.

Haltungsrichtlinien:	
Temperatur:	Tagestemperaturen bis 30°C, nachts Absenkung auf ca. 20-22°C
Beleuchtung:	10-12 Stunden täglich
Bodengrund:	Eine leicht feuchte Walderde mit Moosteilen wird bevorzugt
Lebensweise:	Verschieden aktiver Bodenbewohner, im Verhalten teils aggressiv
Futter:	Insekten und Mäuse
Ansprüche:	Terrarium regelmäßig sprühen

Diese interessante Vogelspinne kann schon fast als Riesenexemplar bezeichnet werden, denn wie der Name schon ausrückt, handelt es sich hier um eine außergewöhnlich große Vogelspinne, die aus Venezuela stammt.

Diesem Buschbewohner müssen Sie eine entsprechende Terrarieneinrichtung anbieten, damit sich diese Vogelspinne auch wohlfühlt. Sie liebt es, ihre Wohngespinste in die verzweigten Äste von Büschen anzulegen.

Pterinochilus murinus

Deutsch: Kein anerkannter Name
Vorkommen: Ostafrika

Diese Vogelspinne ist ein typischer Buschbewohner und baut deshalb Gespinste in Büschen bis zu einem Meter Höhe. Teilweise ist sie aber auch grabend und im Terrarium richtet sie sich nach den äußeren Bedingungen. Ihre Körperlänge beträgt sechs bis sieben Zentimeter und der Cephalothorax ist matt tiefschwarz gefärbt und trägt ein sehr ausgeprägtes Sternmuster sowie eine goldene Behaarung. Insgesamt erscheint die Behaarung sehr dicht und glänzend.

Da es sich um einen typischen Buschbewohner handelt, ist es schwierig im Terrarium eine entsprechende Umgebung zu schaffen. Es ist deshalb erforderlich, daß sie im Terrarium mehrere gut verzweigte Äste zum Klettern anbieten. In dieses Geäst spinnt sie dann geräumige Wohngespinste. Findet diese Spinne keine ausreichenden Äste vor, beginnt sie eine Höhle in den Boden zu graben oder sie spinnt sich notfalls eine Wohnhöhle in die Ecke des Terrariums.

Haltungsrichtlinien:

Temperatur:	Tagsüber 28-30°C, nachts bis auf 20°C absinkend
Beleuchtung:	10-12 Stunden täglich
Bodengrund.	Hohe Füllung aus einer Sand-Erdemischung, die nur mäßig feucht sein darf
Lebensweise:	Buschbewohner mit verschiedenen Aktivitätsphasen, sehr schnell und teilweise aggressiv
Futter:	Insekten und kleine Mäuse
Ansprüche.	Stark verzweigtes Reisig als Buschersatz oder größeren lebenden Busch z.B. Ficus

ARTENTEIL

Pterinochilus vorax

Deutsch: Kein anerkannter Name
Vorkommen. Tanzania, Zaire und Burundi

Die Lebensgewohnheiten von *Pt. vorax* sind die gleichen wie die von *Pt. murinus*. Auch sie bevorzugt Wohngespinnste in Büschen, wo sie bis auf zwei Meter Höhe hinaufsteigt. Mit ihrer interessanten Zeichnung zählt sie zu den schönsten Vogelspinnen dieser Unterfamilie. Ihre Körperlänge beträgt bis zu sechs Zentimetern. Auf dem mattschwarzen Cephalothorax ist ein goldenes Sternmuster und kupferfarbene Flecken zu sehen. Das goldfarbene Abdomen zeigt mehr oder weniger stark paarige Zebrastreifen.

Auch hier gilt die Aussage, daß es schwierig ist, diese Vogelspinnenart biotopgerecht zu halten, denn nur ein riesiges Terrarium mit einem größeren Busch würde diesem Anspruch genügen. Bei einem normal großen Terrarium ist deshalb dafür Sorge zu tragen, daß mehrere gutverzweigte Äste zur Verfügung gestellt werden, in welchen dann geräumige Wohngespinnste angelegt werden. Auch hier gilt, daß bei fehlen dieser Äste einfach Höhlen in den Boden des Terrariums gegraben werden. Bieten Sie also deshalb zusätzlich eine Erdhöhe von mindestens zehn Zentimetern im Terrarium an.

Haltungsrichtlinien:

Temperatur:	Tagsüber 28-30°C, nachts absinkend auf 20°C
Beleuchtung:	Täglich 10-12 Stunden
Bodengrund:	Höhere Füllung aus leichter Sand-Erdemischung, nur mäßig feucht
Lebensweise:	Buschbewohner, der blitzschnell und aggressiv reagieren kann, sonst wenig lebhaft
Futter:	Insekten und kleine Mäuse
Ansprüche:	Stark verzweigtes Reisig und Geäst als Buschersatz oder lebenden Busch (Ficus)

Um diese Vogelspinnenart artgerecht halten zu können, müssen Sie ein großes Terrarium auswählen und einen weit verzweigten Busch, zum anbringen des Wohngespinstes anbieten. Allerdings ist dies in der Praxis oft kaum der Fall, dann sollte aber ein mindestens 60 cm hohes Terrarium als Ausweichquartier angeboten werden.

ARTENTEIL

Haltungsrichtlinien:

Temperaturen:	Tagsüber um 28°C, nachts abfallend auf 22°C
Bodengrund:	Feuchte, stark bemooste Walderde mit Laub
Lebensweise:	Bodenbewohner, ausschließlich nachtaktiv, sehr aggressiv und schnell beißend
Futter:	Insekten und kleine Mäuse
Ansprüche:	Gut feuchtes Terrarium, jedoch ohne Stauluft, empfindlich gegen Schimmel- und Milbenbefall, kein Anfängertier!

Selenocosmia javanensis javanensis

Deutsch: Kein anerkannter Name, Händlername "Java-Vogelspinne"

Vorkommen: Java

Diese Vogelspinne bewohnt den Urwaldboden in dichter Vegetation und lebt dort auch unter morschen Baumstümpfen. Körperlänge ca. fünf bis sechs Zentimeter. Die dominante Färbung ist schokoladenbraun mit allgemein kurzer Behaarung. Es handelt sich hier um eine sehr aggressive Vogelspinne, die für Anfänger keinesfalls geeignet ist. Wohl aus diesem Grund ist sie auch nur selten im Handel anzutreffen. Für erfahrene Pfleger empfiehlt es sich, diese Art in einem gut bepflanzten und feuchten Terrarium mit einem hohlen Baumstumpf oder einer Rindenröhre zu pflegen. Der Boden des Terrariums sollte gut bemoost sein, damit sich die Feuchtigkeit, welche sehr wichtig ist, gut halten kann. Stauluft sollte im Terrarium nicht entstehen, da sonst eine Schimmelbildung möglich ist, auf welche die Tiere empfindlich reagieren.

Diese Java-Vogelspinne ist eigentlich mehr ein Fall für den erfahrenen Spinnenpfleger, denn es handelt sich um ein aggressives Exemplar.

ARTENTEIL

Tapinauchenius latipes

Deutsch: Kein anerkannter Name
Vorkommen: Nördliches Venezuela

Bei einer Körperlänge von fünf bis sechs Zentimetern benötigt diese Vogelspinne ein Terrarium mit einer Grundfläche von 35x35 cm. Auffallend ist der strarke Farbwechsel zwischen den Häutungen. Bei erwachsenen Tieren ist der Cephalothorax grün, golden und metallisch glänzend. Der Körper erscheint insgesamt rotgolden bis kupferfarben. Die Weibchen zeigen für eine kurze Zeit nach der Häutung eine schwarzblaue Färbung mit seidigem Glanz, nehmen jedoch später wieder eine rotgoldene Färbung an.

Haltungsrichtlinien:

Temperaturen:	Tagsüber um 26°C, nachts Absenkung auf 20°C
Beleuchtung:	Ca. 10 Stunden täglich
Bodengrund:	Leicht feuchte Erde, teilweise mit Moos bedeckt
Lebensweise:	Baumbewohner, der ausschließlich nachtaktiv ist. Etwas aggressiv und sehr schnell
Futter:	Insekten aller Art
Ansprüche:	Terrarium regelmäßig sprühen

Da sie gerne in der oberen Terrarienecke ein großes Wohngespinnst mit langen Ein- und Ausgangsröhren bauen, sollte das Terrarium mindestens 40 besser 50 Zentimeter hoch sein. Gerne nehmen diese Vogelspinnen auch stark verzweigte Äste und eine Kletterwand an. Wird das Terrarium täglich gesprüht, damit sich einige Sprühtropfen zum Trinken im Wohnnetz sammeln können, ist ein Trinkgefäß überflüssig.

Frisch gehäutete Exemplare dieser Art zeigen herrliche Farben, die im Laufe der Zeit wieder verblassen. Auch eine Spinne für den erfahreneren Spinnenpfleger, der in der Lage ist, ein entprechend großes Terrarium anzubieten.

ARTENTEIL

Tapinauchenius spec.

Deutsch: Kein anerkannter Name
Vorkommen: Brasilien (Manaus)

Diese verhältnismäßig neuentdeckte Art stammt aus dem Regenwald Brasiliens und lebt dort teils sehr hoch auf den Bäumen. Die Körperlänge beträgt sechs bis sieben Zentimeter und die Oberseite des Cephalothorax ist oliv- oder grüngolden. Die Behaarung glänzt sehr stark. Entsprechend ihrem Vorkommen ist es günstig, wenn der Bodengrund feucht gehalten wird, was durch großzügig angelegte Moospolster erreicht werden kann. Große Rindenstücke werden als Verstecke gerne angenommen und dann auch weiträumig umsponnen. Sie baut Wohngespinnste mit mehreren Gängen. Diese Art ist sehr flink und nachtaktiv, wobei sie dann bei der Handhabung sehr aggressiv ist.

Haltungsrichtlinien:

Temperaturen:	Tagsüber um 27°C, nachts abfallend auf 20°C
Beleuchtung:	Kann bei heller Aufstellung des Terrariums entfallen, keine direkte Sonneneinstrahlung
Bodengrund:	Feuchte Erde mit Moosanteil
Lebensweise:	Baumbewohner, ausschließlich nachtaktiv, aggressiv
Futter:	Insekten aller Art
Ansprüche:	Terrarium täglich leicht sprühen, Wassertropfen im Gespinnst werden getrunken und erübrigen einen Trinknapf

Hier handelt es sich um eine neuere Spinnenart, die erst in den letzteren Jahren ab und zu eingeführt wurde. Im Handel ist sie noch nicht regelmäßig anzutreffen. Leider sind diese Spinnen etwas aggressiv und deshalb dem Anfänger nicht zu empfehlen.

ARTENTEIL

Ein wahrer Gigant unter den Vogelspinnen ist diese herrliche Exemplar, welches durch die Größe verständlicherweise etwas Furcht erregen kann. Auch sie gehört zu den Bombardierspinnen und ist deshalb für Allergiker als Hausgenosse nicht geeignet.

Theraphosa leblondi

Deutsch: Händlernamen: "Goliath-Vogelspinne", "Riesen-Vogelspinne"
Vorkommen: Franz. Guayana, Venezuela und Staat Amazonas in Brasilien.
Th. leblondi ist die Königin unter den Vogelspinnen und laut Guiness-Buch ist sie die größe und schwerste Vogelspinne. Sie kann eine Beinspannweite bis 28 Zentimetern erreichen. Die Körperlänge beträgt durchschnittlich zwölf Zentimeter. Ihr Gewicht kann bis zu 160 Gramm betragen. Ihre Grundfärbung ist kaffeebraun und nach einer Häutung zeigt sie relativ dichtes Langhaar. Leider ist sie eine stark bombardierende Vogelspinnenart, deren Reizhaare intensiv jucken und deshalb ist Vorsicht für Allergiker angeraten. Ihrer Größe entsprechend

Haltungsrichtlinien:

Temperaturen:	Tagsüber 28-30°C, nachts bis auf 20° absinkend
Beleuchtung:	10-12 Stunden täglich
Bodengrund:	Leicht feuchte Walderde mit Moosstücken
Lebensweise:	Bodenbewohner mit verschiedenen Aktivitätsphasen, sehr aggressiv und stark bombardierend
Futter:	Insekten, Mäuse und kleine Ratten
Ansprüche:	Liebt Feuchtigkeit und Wasserbehälter im Terrarium, abwechslungsreich füttern und Terrarium regelmäßig sprühen.

ARTENTEIL

muß sie in einem größeren Terrarium mit einer Mindestgrundfläche von 40x40 Zentimetern gehalten werden. Der Boden des Terrariums soll teilweise feucht sein und es ist günstig, wenn eine Ecke des Terrariums dicht bepflanzt wird. Auch ein größeres Wasserbecken ist anzubieten, denn diese Vogelspinnen baden sogar, wenn das Becken entsprechend groß ist. *Th. leblondi* ist eine aggressive Vogelspinnenart, die in der Regel nicht mit den Händen gehandhabt werden sollte. Wird sie gereizt, stridultiert sie laut und beginnt zu bombardieren.

Auch dieses herrliche Exemplar von Theraphosa leblondi vermittelt einen guten Eindruck von der Schönheit dieser Riesen-Vogelspinne. Durch ihre Größe und Aggressivität ist sie etwas schwieriger zu handhaben.

ARTENTEIL

Mit bis zu 9 cm Körperlänge und einer enormen Spannweite der Beine, gehört auch diese Vogelspinne zu den Riesen. Ihr interessantes Sternmuster lockert ihre Grundfärbung etwas auf. Erfahrene Vogelspinnenliebhaber sollten sich um die Nachzucht bemühen, damit die Einfuhr von Wildfängen reduziert werden kann.

ARTENTEIL

Xenesthis immanis

Deutsch: Kein anerkannter Name, Händlername "Kolumbianische Riesenvogelspinne".

Vorkommen: Kolumbien, Venezuela, Panama und Brasilien (Amazonien)

Bei einer Körperlänge von acht bis neun Zentimetern erreicht sie eine enorme Spannweite der Beine und deshalb ist ein größeres Terrarium mit einer Mindestgrundfläche von 35x35 cm angeraten. Die tiefschwarze Grundfärbung wechselt sich mit der rostbraunen Langbehaarung des Abdomens ab. Ein Sternmuster auf dem Cephalothorax lockert die schwarze Grundfärbung schön auf. Diese Art benötigt ein gut feuchtes Terrarium mit einer größeren Trinkschale und einer hohen Bodenschicht. Die Bodenschicht darf 15 Zentimeter nicht unterschreiten und es sollte eine eingegrabene künstliche Röhre als Wohnröhre angeboten werden. Sie ist eine Art, die ausschließlich in die Hände erfahrener Pfleger gehört, da ihre Nachzucht sehr wichtig wäre, um Neuimporte zu stoppen, bei welchen zu hohe Verluste auftreten. Auch sie gehört zu den Bombardierspinnen und ihre Bombardierhaare brennen sehr stark.

Haltungsrichtlinien:

Temperatur:	Tagsüber 26-29°C, nachts um 20°C absinkend
Beleuchtung:	10-12 Stunden täglich
Bodengrund:	Leicht feuchte Erde mit Moosanteil
Lebensweise:	Bodenbewohner mit künstlichen Wohnröhren, teils bissig und stark bombardierend
Futter:	Insekten und kleine Mäuse
Ansprüche:	Benötigt viel Feuchtigkeit, Frischimporten unbedingt ausreichend Wasser anbieten.

DORSALE UND VENTRALE ANSICHT EINER WEIBLICHEN SPINNE

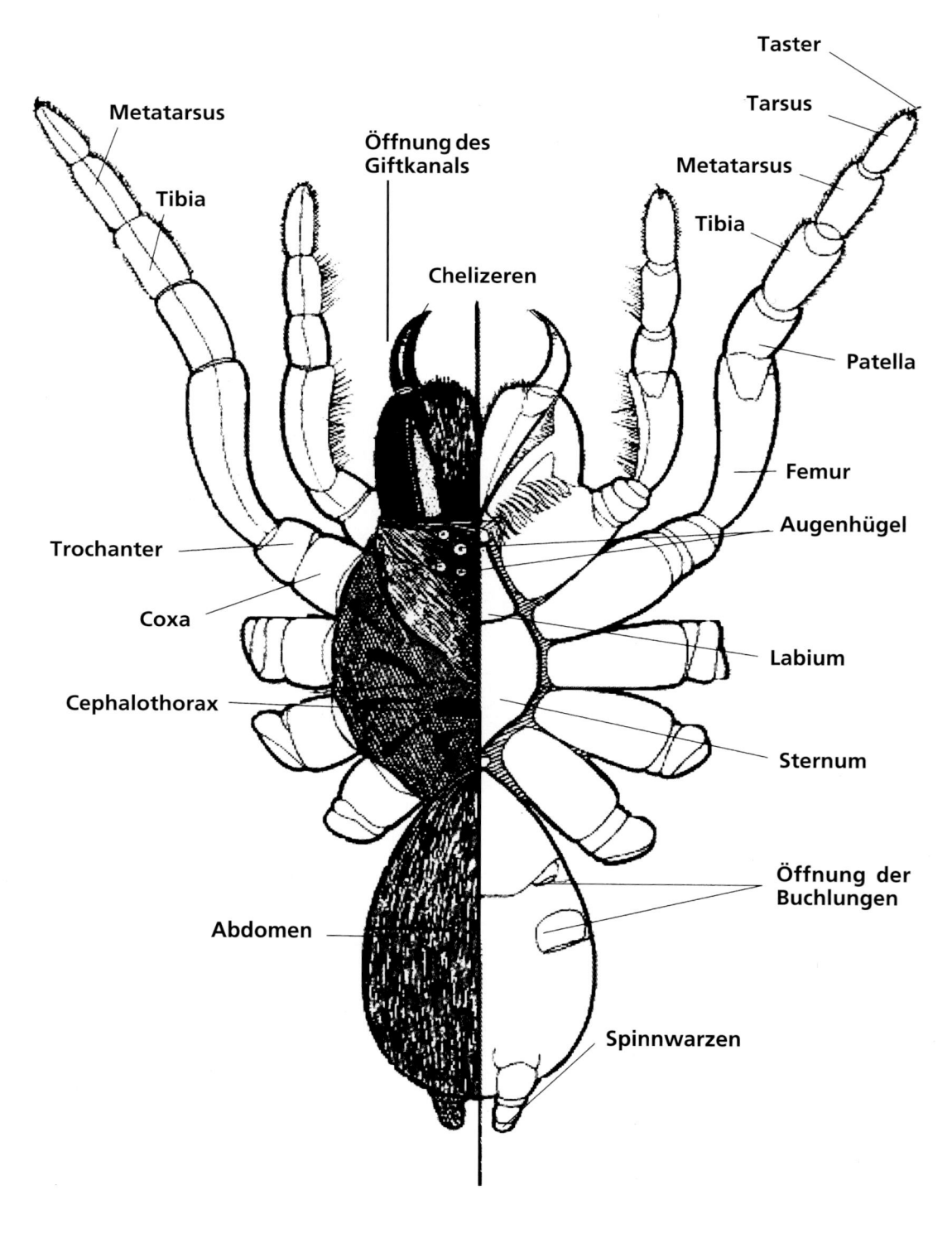

- Metatarsus
- Tibia
- Öffnung des Giftkanals
- Chelizeren
- Trochanter
- Coxa
- Cephalothorax
- Abdomen
- Taster
- Tarsus
- Metatarsus
- Tibia
- Patella
- Femur
- Augenhügel
- Labium
- Sternum
- Öffnung der Buchlungen
- Spinnwarzen

Dorsal **Ventral**

Kleines Fachwortregister

Abdomen:	Hinterleib
adult:	erwachsen
arboricol:	baumbewohnend
Augenhügel:	die Erhebung auf dem Rückenpanzer, auf dem die Augen angebracht sind
Bulbus:	Gebilde am männlichen Paarungsorgan, der Samenbehälter
Carapax:	Rückenpanzer, Rückenschild
Cephalothorax:	Kopfbrust, bezeichnet den vorderen Körperabschnitt bei allen Spinnentieren
Chelizeren:	Kauwerkzeuge der Spinnen
Chelizerenklauen:	„Giftzähne" der Spinnen, dienen zum Festhalten und Zerkleinern der Beute und zur Giftübertragung
corticol:	rindenbewohnend
Coxa:	„Hüfte", innerstes Beinglied, 1. Beinglied
Embolus:	spitzes Ende des Bulbus, umgibt den Samenschlauch, dient zur Samenübertragung
Endoskelett:	Innenskelett
Epigyne:	äußeres Geschlechtsorgan der Weibchen
Exoskelett:	Außenskelett
Exuvie:	abgelegte Haut
Femur:	„Schenkel", 3. Beinglied
Haemolymphe:	„Blut" aller Gliederfüßer
heliophil:	sonnenliebend
Labium:	„Unterlippe"
Maxillen:	zu Kauwerkzeugen umgewandelte Teile der Kiefertaster
Maxillipalpen:	Hilfswerkzeuge des Freßapparates, tragen bei Skorpionen Scheren und ersetzen hier die Taster
Metatarsus:	"Mittelfuß" oder "Ferse", 6. Beinglied

FACHWORTREGISTER

Opistosoma:	Hinterleib bei Spinnen (auch Abdomen)
Palpen:	Taster
Patella:	"Knie", 4. Beinglied
Pedipalpus:	Kiefertaster, dienen zum Befühlen der Beute aber auch als Träger der männlichen äußeren Geschlechtsorgane
Petiolus:	Verbindungsteil zwischen Vorder- und Hinterleib bei Spinnen
petricol:	fels- oder steinbewohnend
Postabdomen:	"Schwanz" der Skorpione, mehrgliedrig, mit dem Giftapparat versehen
Prosoma:	Vorderleib der Spinnen
psammophil:	sandliebend
Receptaculum seminis:	Samentasche im Hinterleib der Weibchen, auch als Spermathek bezeichnet
Scopula:	Haftpolster aus sehr dichten Härchen an den beiden Endgliedern der Beine und auch dem Endglied der Taster, lateral gelegen
Spermathek:	Samentasche im Hinterleib des Weibchens
Sternum:	Brustschild
Sternalsigillum:	Vertiefungen auf dem Sternum, oftmals ein Bestimmungsmerkmal, da arttypisch
Stigma:	Atemöffnung
Stridulation:	Lautäußerung mittels Organen, bei Vogelspinnen an den Coxen der Taster oder des 1.Beinpaares
Tarsus:	"Fuß" Endglied der Beine und des Tasters
terrestrisch:	bodenbewohnend
terricol:	erdbewohnend
Thorax:	Brust
Thoraxgrube:	Vertiefung des Cephalothorax, teils mit arttypischer Form
Tibia:	"Schiene", 5. Beinglied
Trochanter:	"Träger" oder Schenkelring, 2. Beinglied
xerophil:	trockenheitsliebend

Weitere Terraristik Literatur aus dem bede-Verlag

ERFOLG MIT VOGELSPINNEN
ANDREAS TINTER

Vogelspinnen werden immer beliebtere Haustiere. Der Autor will Ihnen liebe Leser, Sicherheit in Haltung, Pflege und Zucht geben. Das Buch vermittelt durch die hervorragende Qualität der Abbildungen einen faszinierenden Einblick in die Welt der Vogelspinnenpflege.

ISBN 3-927 997-27-7   **DM 39,80**

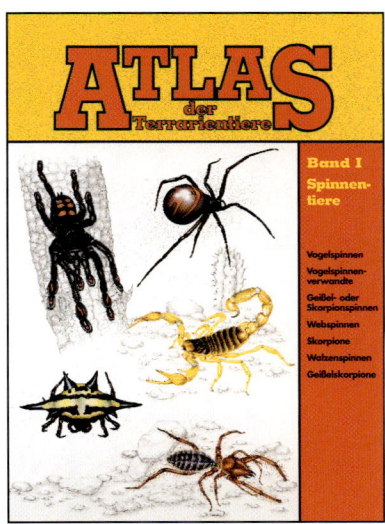

ATLAS DER TERRARIENTIERE
BAND I SPINNENTIERE
MICHAEL BAYER

Der erste Band des „Atlas der Terrarientiere" beschäftigt sich vor allem mit Vogelspinnen und Skorpionen. Außerdem werden für die Terrarienhaltung durchaus wichtige Arten von Kleinspinnen besprochen. Mit Hilfe von 320 Farbabbildungen und 16 Farbillustrationen werden 139 Arten ausführlich beschrieben.
Lassen auch Sie sich begeistern von soviel geballter Information.

ISBN 3-931 792-01-3   **DM 58,-**

DAS GROSSE BUCH DER AMPHIBIEN
JOHN COBORN

Dieses Buch bietet dem Leser zahlreiche Informationen in Wort und Bild über die Grundlagen der Pflege von Amphibien. Es erleichtert die Auswahl der geeigneten Tiere und hilft das richtige Futter, Unterbringungsmöglichkeiten, sowie die richtigen Methoden für Krankheitsbehandlung bei den einzelnen Arten der Tiere zu finden.

ISBN 3-931 792-00-5   **DM 49,80**